北山楼金石遗迹

北山楼集古小品举要

沈建中 编著

华东师范大学出版社
- 上海 -

图书在版编目（CIP）数据

北山楼金石遗迹·北山楼集古小品举要 / 沈建中编著. —上海：华东师范大学出版社，2021
ISBN 978-7-5760-1192-0

Ⅰ.①北… Ⅱ.①沈… Ⅲ.①金石—拓本—中国—古代—图录 Ⅳ.①K877.22

中国版本图书馆CIP数据核字（2021）第026982号

北山楼金石遗迹·北山楼集古小品举要

编　　著	沈建中
策划编辑	许　静
责任编辑	朱晓韵
审读编辑	乔　健
责任校对	时东明
装帧设计	姚　荣

出版发行	华东师范大学出版社
社　　址	上海市中山北路3663号　邮编 200062
网　　址	www.ecnupress.com.cn
电　　话	021－60821666　行政传真 021－62572105
客服电话	021－62865537　门市（邮购）电话 021－62869887
地　　址	上海市中山北路3663号华东师范大学校内先锋路口
网　　店	http：//hdsdcbs.tmall.com/

印 刷 者	上海盛通时代印刷有限公司
开　　本	787×1092　16开
印　　张	27.5
插　　页	2
字　　数	467千字
版　　次	2021年5月第1版
印　　次	2021年5月第1次
书　　号	ISBN 978－7－5760－1192－0
定　　价	148.00元

出版人　王　焰

（如发现本版图书有印订质量问题，请寄回本社客服中心调换或电话021-62865537联系）

施蛰存先生在北山楼　沈建中　摄影

目 録

序引 1

輯一 吉金篇
兄丁觶 二
父庚尊 三
亞形犧形尊 四
商彝兩銘 五
商爵兩銘 六
祖丁子尊蓋 七
告田觶 八
作世婦鼎 九
魯士郙父簠 一〇
仲殷父簋 一一
函皇父匜 一二
支禺啓匜 一三
犬父己卣 一四
奚卣 一五
戈卣 一六

瞿獸形冊冊卣　一七
父丁卣　一八
父癸卣　一九
靜卣　二〇
甂器兩銘　二一
父乙彝　二二
父乙兩器　二三
父丁鼎　二四
父丁尊　二五
母父丁尊　二六
父辛兩器　二七
子執弓形觚　二八
旗單彝龍觚　二九
方鼎　三〇
亞彝三銘　三一
彭女舉觶　三二
析父乙觶　三三
中作父丁盉　三四
魯公鼎　三五
酉父癸鼎　三六
饗壺　三七
抱子形父己斝　三八
子門父庚彝　三九
肼犧形父丁彝　四〇
辨作文父己彝　四一
爽彝　四二
庚姬彝　四三
史彝　四四
遽伯睘彝　四五
仲宦父鼎　四六
叔皮父敦　四七

太僕歸父盤　四八
夆叔盤　四九
虎紋鼎　五〇
伯矩簋　五一
大豐簋　五二
邰伯簋　五三
王子申簠　五四
旂鼎　五五
雔伯鼎　五六
自鼎自彝　五七
咎作父丁觚　五八
寮司徒桬簋　五九
日庚作父癸彝　六〇
齊癸姜簋　六一
龍鼎嬴氏鼎　六二
史頌簋　六三
中師父鼎　六四
仲叀父敦　六五
格伯敦　六六
鮴冶妊鼎　六七
友作文考簋　六八
大簋蓋銘　六九
窓鼎銘　七〇
厷姞簋　七一
鄂侯馭方鼎　七二
豆閉簋　七三
無異敦　七四
陳矦作孟姜簠　七五
秦公簋　七六
曾伯桼簠　七七
禾彝　七八

虢叔大棽鐘銘　七九
　　叔編鐘　八〇
　　僕兒鐘　八一
　　者汙鐘　八二
　　王孫鐘銘　八三
　　邾公釛鐘　八四
　　楚公鐘　八五
　　留鐘　八六
　　小鐘　八七
　　鄭邢叔綏賓鐘　八八
　　妣鼇母鐘　八九
　　冀鐸　九〇
王大娘等造銅佛像　九一
樂安公主造銅佛像　九二
曹黨生造銅像　九三
曹黨生造銅像銘　九四
太和年造鎏金佛像　九五
熙平元年造銅佛像　九六
正光六年造銅佛像　九七
于長造銅佛像　九八
陳忠造鎏金佛像　九九
武平五年銅牌佛像　一〇〇
大業二年造銅佛像　一〇一
江永造鎏金佛像　一〇二
魏造銅佛像　一〇三
王五娘造小銅像　一〇四
崇化寺舍利銅塔　一〇五
無相庵供養佛像　一〇六

輯二　娛器篇
　　商車鉞　一一〇

左軍戈　一一一
晉左軍戈　一一二
高陽左戈　一一三
小戈　一一四
宋公佐戈　一一五
臣戈　一一六
陳卯戈　一一七
矢易戈　一一八
金書雕戈　一一九
尚方羊戈　一二〇
牲形戈　一二一
青銅戟　一二二
龍伯戟　一二三
龍文瞿　一二四
趙司馬劍　一二五
楚劍　一二六
隴郡李氏造劍　一二七
延光三年弩機　一二八
宛仁弩機　一二九
左尚方造弩機　一三〇
左澂弩機　一三一
左工弩機　一三二
左關之鐭　一三三
陳鍵　一三四
豐鏄　一三五
樊君鬲　一三六
周銷　一三七
元罕紋飾　一三八
嬿妊車𰯲　一三九
呂大叔斧　一四〇
繳窓君鉼　一四一

東周左師壺　一四二

孟嘗君車杠　一四三

泉權　一四四

秦量　一四五

秦度　一四六

秦詔版　一四七

秦銅詔版　一四八

秦始皇詔木量銅版　一四九

秦兩詔權　一五〇

秦詔製銅器銘　一五一

環款　一五二

秦扁壺　一五三

孔文父鐘　一五四

扶矣鐘　一五五

大吉鐘銘　一五六

漁陽郡孝文廟二器　一五七

寿成室銅鼎　一五八

鰲屋鼎款　一五九

美陽高泉宮共厨鼎　一六〇

承安宮銅鼎款　一六一

龍淵宮銅鐙　一六二

五鳳官造權　一六三

陽陵矣家銅行鐙　一六四

安平矣銅壺銘　一六五

陽泉使者舍薰盧　一六六

上林榮宮銅薰盧　一六七

虹燭錠　一六八

新莽權鐵圈　一六九

新莽銅璧　一七〇

軹家罐　一七一

永元二年雁足鐙　一七二

開封行鐙　一七三
鐏款　一七四
淮一農器　一七五
天保二年百佛銅牌　一七六
劉顯塪造銅鈴　一七七
玉真造小銅像碑　一七八
天寶五載造小銅像碑　一七九
元權兩器　一八〇
元和四年堂狼造洗款　一八一
永建四年朱提素洗　一八二
永建六年朱提造作洗　一八三
初平五年宜子孫洗　一八四
光和四年雙鷺洗　一八五
大吉昌洗　一八六
董是洗　一八七
吉羊洗　一八八
君宜子孫洗　一八九
雙魚洗　一九〇
秦小鏡　一九一
蔡氏尊官樂舞鏡　一九二
尚方御鏡　一九三
尚方作佳鏡　一九四
青蓋花紋鏡　一九五
青蓋鏡　一九六
大山君宜鏡　一九七
大山保子鏡　一九八
元壽鏡　一九九
日有熹鏡　二〇〇
昭明鏡　二〇一
重圈銘文鏡　二〇二
壽如金石鏡　二〇三

長毋相忘鏡　二〇四
永平四靈小鏡　二〇五
見日之光鏡　二〇六
生肖四神規矩鏡　二〇七
攖寧鏡　二〇八
潭州月樣鏡　二〇九
天馬雙鳳鏡　二一〇
清素鏡　二一一
孿生回文鏡　二一二
薛茂松造鏡（外一品）　二一三

輯三　歡石篇

古匋銘　二一六
匋銘兩品　二一七
紫泥匋文　二一八
藥雨藏匋　二一九
鄭韓故城殘匋　二二〇
古匋鉢　二二一
秦匋量殘片　二二二
日晷殘石　二二三
宜子孫瓦器銘　二二四
匋倉銘　二二五
小陶馬　二二六
東晉瓦灶　二二七
北周宗祥造像　二二八
北周陳歲造泥像　二二九
唐會昌泥造像　二三〇
唐善業泥像　二三一
蕅常侍造印度佛像　二三二
漢殘刻　二三三
漢畫像　二三四

"擬神功凡在"殘刻　二三五

殘碑　二三六

少林寺碑刻殘石　二三七

齊字磚　二三八

長生未央磚　二三九

保城都司空磚　二四〇

元初磚　二四一

延熹殘磚　二四二

赤烏磚　二四三

永寧磚　二四四

打虎亭漢磚　二四五

漢八年磚　二四六

功曹磚　二四七

南越殘磚　二四八

永安蜀師磚　二四九

寶鼎磚　二五〇

鳳皇三年磚　二五一

天冊元年磚　二五二

天紀磚　二五三

永熙磚　二五四

元康磚　二五五

太安磚　二五六

建興磚　二五七

大興三年磚　二五八

太寧磚　二五九

咸和磚　二六〇

咸康磚　二六一

興寧磚　二六二

太元磚　二六三

元嘉兩磚　二六四

北魏北周二磚　二六五

元和五年磚　二六六

天寶磚　二六七

吳越王雷峰塔磚　二六八

天福造塔磚　二六九

建康府修城磚　二七〇

沈明磚　二七一

廣州修城磚　二七二

迎謁畫磚　二七三

騎士畫磚　二七四

車馬出行畫磚　二七五

萬字磚　二七六

魚紋磚　二七七

侯鳥殘磚　二七八

圖飾二磚　二七九

吉語磚　二八〇

萬歲磚　二八一

大吉長樂磚　二八二

羽陽宮瓦　二八三

秦始皇陵殘瓦　二八四

飛鴻延年瓦　二八五

甘泉上林瓦　二八六

平樂宮阿瓦　二八七

建章宮瓦　二八八

朝神石室宮瓦　二八九

八風壽存當瓦　二九〇

宗正官瓦　二九一

安世瓦　二九二

便字瓦　二九三

樂字瓦　二九四

衛字瓦　二九五

永受嘉福瓦　二九六

漢并天下瓦　二九七
千秋萬歲殘瓦　二九八
千秋萬歲八字瓦　二九九
千秋萬世瓦　三〇〇
長樂未央瓦　三〇一
富貴萬歲瓦　三〇二
延年半瓦　三〇三
延壽九字瓦　三〇四
益延壽瓦　三〇五
永奉無疆瓦　三〇六
與華無極瓦　三〇七
盜瓦者死瓦　三〇八
戰國殘瓦　三〇九
四神青龍紋瓦　三一〇
　鹿紋瓦　三一一
　玄武瓦　三一二
　葵紋瓦　三一三
崔氏贈瓦兩種　三一四
　魯故城瓦　三一五
　邯鄲殘瓦　三一六

輯四　佳品篇

甲骨三品　三二〇
任預藏甲文　三二一
古骨質瞿首　三二二
桂陽太守虎符　三二三
東萊太守虎符　三二四
河平郡虎符　三二五
　騶男虎符　三二六
隋虎符兩品　三二七
嘉德門內巡魚符　三二八

玉魚符　三二九
武周雲麾將軍龜符　三三〇
金奉御從人銅牌　三三一
韓宋鐵玉魚符　三三二
朝參官員牙牌　三三三
德安守禦夜巡銅牌　三三四
隨駕養豹官軍豹牌　三三五
隨駕養鷹官軍鷹牌　三三六
叁千營隨駕官軍雲牌　三三七
空首布武幣　三三八
春秋空首布　三三九
成白直刀　三四〇
趙直刀幣　三四一
節墨之大化　三四二
齊之大化　三四三
齊大化　三四四
燕刀布　三四五
垣共圜錢　三四六
戰國釿布　三四七
中山錢幣　三四八
八銖半兩泉範　三四九
五銖泉範　三五〇
新莽貨幣　三五一
大布黃千　三五二
大泉五十大吉範　三五三
新莽貨泉範　三五四
幣牌兩品　三五五
北齊常平五銖泉範　三五六
大元國寶錢　三五七
興朝通寶銅錢　三五八
石範　三五九

戰國銀鉼　三六〇
黃神越章　三六一
呂后玉璽　三六二
新莽繡衣執法官印　三六三
留後官印　三六四
東坡銅印　三六五
元龍鳳官印　三六六
清淨喜祥印　三六七
定州都商稅務印　三六八
憲齋藏印　三六九
瞻麓齋藏印　三七〇
鉏閣治印　三七一
賓虹藏印　三七二
寒雲藏印　三七三
漢櫛　三七四
曹谿南華寺慶曆木刻造像　三七五
長宜子孫鉤　三七六
長壽年合符鉤　三七七
宜官鉤　三七八
帶鉤　三七九
宜海官鉤　三八〇
龍蛇辟兵鉤銘　三八一
建安壺　三八二
富貴方壺　三八三
樂未央壺　三八四
玉刀　三八五
辟蝗玉蟹　三八六
景叔藏玉　三八七
虯龍玉珮　三八八
古玉四器　三八九
投龍玉簡　三九〇

封功臣玉冊　三九一
橫峯筆格　三九二
不浪舟筆格　三九三
師曾詠梅墨盒　三九四
師曾繪竹臂擱　三九五
時大彬製壺　三九六
陳鳴遠製砂爵　三九七
蓮藕茶寵題刻　三九八
楚南怡湘使者墨　三九九
青琅玕墨　四〇〇
老鶴自娛墨　四〇一
魯薌廉訪著書墨　四〇二
濠觀雙魚墨　四〇三
九霄環珮墨　四〇四
布種圖貢墨　四〇五
韻藻樓景墨　四〇六
古籟堂景墨　四〇七
延春閣景墨　四〇八
晉元康磚硯　四〇九
王荊公綠端硯　四一〇
文信國綠端蟬腹硯　四一一
荷葉硯　四一二
張思淨製抄手硯　四一三
蓮谿繪硯　四一四
文節公藏硯　四一五
雕菰樓藏硯　四一六
靈蕤館填詞硯　四一七
十清簃硯　四一八
黃泥遊圖硯　四一九
硯銘兩品　四二〇
羽琤詩硯　四二一

序引

　　茲以紙本形式呈現之展覽，亦為模擬性質也；緬懷傳景，俾異日猶可蹤跡焉。

　　歐趙以還，金石學皆研考歷代鐘鼎彝器銘文及石刻碑版文字，凡存有文字之小件文物，明清至民國年間，著錄日繁，分門別類，故稱其金石小品。北山樓篋衍所藏詔版匋量、匕劍弩機、鼎爐壺洗、銅鏡符牌、瓦當陶器、古磚地券、泉幣封印之墨本，較多僅拓文字，而不拓器形者；所拓文物皆以清末至民國初年出土為主，墨本大都為當時知名鑒藏家傳拓，先生則美其名曰"集古小品"，以志古歡。

　　先生嘗作"北山樓金石小品目"，可終未果；而曩時雖經先生授教編目，予卻未遑完整撰錄，為恨事矣。別據予董理觀感細計，其數都二千六百器紙上下，積篋盈藏一大宗，構成北山樓蓄聚金石拓本之重要部分，尚能觀止，蓋弗以等閒視之矣。舉例上世紀七八十年代，先生題跋言及所得數目，商周彝銘墨本凡五百餘器；瓦當收得新舊墨本二百餘紙，"視定庵所得，已三倍之"；磚文所得墨本二三百紙，"亦多清儀閣、石鼓亭舊拓"；鏡銘收得拓本百餘紙；殘石無計，僅《北山集古錄》刊載題跋四十篇；而雜器更多，題跋亦有百餘篇。

燈窗展玩賞析之餘，大都欣然裝冊成帙，亦曰"裝為二十帙"，戞戞獨造，藏諸名山。

壬子新春前後，先生嘗類別而卷帙之，凡墨本八百七十餘紙，裝為十二冊；又墨本二百餘紙，則厘為八卷。內謂"八卷"本之，一九九〇年代先生囑編一部"集古別錄"，一題跋一墨圖，當時已在迻錄文稿，惜不克顧及編圖。北山樓凋謝，洎丙戌春季，忽見於市肆標識"北山集鐘鼎拓片秘笈本"，競值甚昂，力不能致，猶不勝系戀矣。雖竭力捃摭流散遺緒，但如《北山樓集古小品》（四冊），別有"秦權""漢鈁""頌壺""嘉量""倗生簋""服肇尊""虢叔旅作惠叔鐘""北魏魚玄明磚"諸種，好者踴躍，予覯求而不獲，只自望洋興嘆而已。

早在《北山集古錄》印出後，先生擬編"文物欣賞""歷代文物拓片圖鑒"，凡商周彝器銘文、古匋文、古泉貨、秦石刻文字、秦漢瓦當、漢銅器、漢畫像石、魏晉南北朝雜器和石刻、磚文、璽印、符牌、鏡銘、題名石刻、雜器物，都十四類，將取其二三百種拓片彙編，並不在文物本身，所重於保存拓片形象，卻謀印無獲，旋打退堂鼓。洎後，予得以選編先生"談藝錄"，即使尤重"集古小品"，然權衡篇幅，又不及"三編"，未能盡情展示。予懸懸於懷，未幾，踵取古雅韻致特色墨本，選編三冊一函，亦未能付梓。呼，可惜事與願違，先生終齎志而沒，何意斯望竟成幻夢，惻然無盡。至甲午，念及先生誕辰一百一十年，尤渴望酬先生宿願，仍擬輯錄"北山樓藏金石小品圖錄選"為繼，卻遭遇口懸河漢者，整個計劃落空，沒得如願，但輯錄過程甚為娛悅，並為進而紮實基礎。

"集古小品"不守盡散，何堪離雁之憂傷，且難免若隱若顯于索居者，渺無蹤影。至若毋令此跡湮晦，筆路藍縷，廣為採集，匯而編之刊印，迨可觀覽焉。洎非有積累，焉能致力。予夙昔嚮往之私，董理經過皆攝景存錄，盍不重檢曾欲付棗梨而未遂者；既而涉獵市肆鱗羽，時有覯獲，恍親舊覯，且有裨助焉。安得薈萃繼起諸家之所得，殆有粲然佳品可舉也，以壯拙編。數載之間，零星採擷，羅致殷周以還金石陶塤文字之不盈尺幅者，約得四百餘品，誠勝緣哉。遂厘為吉金、娛器、歡石和佳品，都四輯。固然題為"舉要"展覽，平面結構亦拓本形態組合，作意為逸品佈置增飾，荏苒兩載，寄情於PS軟件，下足功夫，益臻完善圖像視覺效果，形神兼備，質感畢肖。

　　本書編撰既竣，雖非全豹，又有遺珠欲憾，然宏業可覩，聊備先生集古故實之趣味矣。爰贅數語，以志快幸。

　　　　　　　時庚子年五月廿七日，沈建中於陸家嘴金茂雨窗漫識

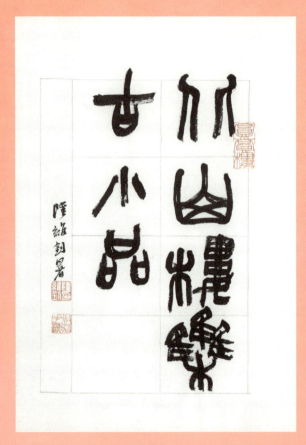

輯一 吉金篇

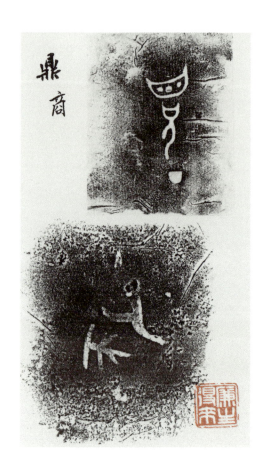

兄丁觶

别附商鼎一紙。上為兄丁觶銘,拓本先生鈐印"施舍金石",按:羅振玉《貞松堂集古遺文》著録。下為商鼎器銘,福山王懿榮天壤閣傳拓本,拓本王氏題記"鼎　商",拓本王氏鈐印"廉生得來",先生鈐印"舍之珍藏"。

父庚尊

　　福山王懿榮天壤閣傳拓本。拓本王氏題記"尊　商""文曰父庚"。拓本王氏鈐印"廉生得來",先生鈐印"舍之珎藏"。按:此本劉晦之《善齋吉金録》著録,無釋述。

亞形犧形尊

　　福山王懿榮天壤閣傳拓本，器蓋分拓二紙。拓本王氏分別題記"尊商""器，蓋"。拓本另紙先生小識"善齋有亞犧鴟尊，亞形犧形並列，此誤貼"。拓本王氏鈐印"廉生得來"，先生鈐印"舍之珍藏"。

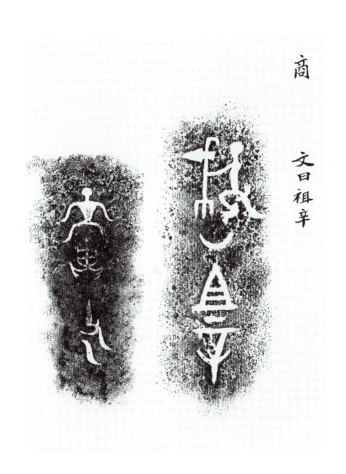

商彝兩銘

歸安陸心源儀顧堂藏器,歸安陸仲敏竺齋傳拓本。右祖辛彝,款銘"子執戈形、新月形、祖辛",拓本陸氏題記"商　文曰祖辛",拓本先生鈐印"施舍金石""舍之珍藏"。左子孫父乙彝,款銘"子、孫、父乙",拓本先生鈐印"施舍金石"。

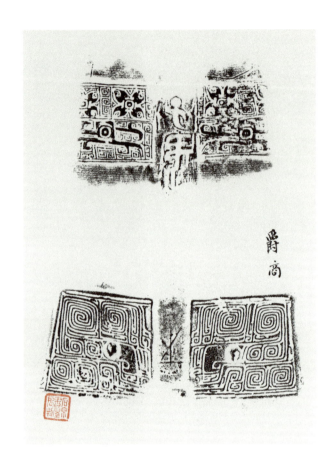

商爵兩銘

商爵拓本二紙，皆利津李竹朋石泉書屋藏本。上爲子總角形爵，拓本先生鈐印"施舍金石"，按：吳大澂《愙齋集古録》著録，南陵徐隨庵作"子母爵"，吳式芬《攗古録》亦著録。下爲商爵，拓本李氏題記"爵商"，拓本李氏鈐印"石泉書屋長物"，先生鈐印"舍之珎藏"，按：吳大澂《愙齋集古録》著録。

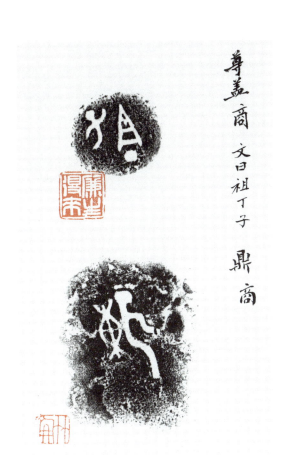

祖丁子尊蓋

别附商鼎一器。上為祖丁子尊蓋,福山王懿榮天壤閣傳拓本,拓本王氏題記"尊蓋　商,文曰祖丁子",拓本王氏鈐印"廉生得來",先生鈐印"舍之珍藏"。下為子執盾鼎,利津李竹朋石泉書屋傳拓本,拓本李氏題記"鼎　商",拓本另紙先生小識"子負橐形殷",拓本李氏鈐印"竹朋",先生鈐印"舍之珍藏"。

告田觯

　　福山王懿榮天壤閣傳拓本。陽文。拓本王氏題記"觯　商"。拓本另紙先生小識"告田觯　王廉生藏器，見《天壤閣雜記》"。拓本王氏鈐印"廉生得來"，先生鈐印"舍之珍藏""舍之玫古"。先生嘗作題跋，《告田觯》記云"初不知是何器，後閱《天壤閣雜記》，始知是王廉生在陝中所得觯"。（見《北山集古録》）

作世婦鼎

　　福山王懿榮天壤閣傳拓本，歸安陸培之固廬藏本。拓本王氏題記"鼎　商"。拓本另紙先生小識"作世婦鼎，窊［吳大澂《愙齋集古録》著録］"。拓本王氏鈐印"廉生得來"，陸氏鈐印"陸樹基培之印"，先生鈐印"舍之珍藏"。

魯士郢父簠

福山王懿榮天壤閣傳拓本，歸安陸培之固廬藏本，分拓四紙，選輯一紙。拓本王氏題記"簠 商"。拓本另紙先生小識"魯士郢父簠 四器，均見窓錄［吳大澂《愙齋集古錄》著錄］""善齋器"。拓本王氏鈐印"廉生得來"，陸氏鈐印"歸安陸樹基藏"，別有一印"月溪漁"，先生鈐印"舍之珍藏"。

仲殷父簋

利津李竹朋石泉書屋傳拓本,器蓋分拓二紙,拓本李氏題記"敦器,商""敦蓋,商"。拓本另紙先生小識"仲殷父䀇,《周金文存》,阮識[阮元《積古齋鐘鼎彝器款識》]有'叔殷父䀇',文與此同,惟'仲''叔'之異"。拓本二紙李氏皆鈐印"石泉書屋長物",先生亦鈐"舍之珍藏"。按:此本器文三行,蓋文四行。先生嘗曰"'表'[王國維《三代秦漢金文著錄表》]云,蓋三行,器四行""恐非。此李竹朋自書,必不誤也"。

函皇父匜

利津李竹朋石泉書屋藏本,拓本李氏題記"匜 商"。拓本另紙先生小識"函皇父匜"。拓本李氏钤印"李佐賢所得金石",先生钤印"舍之珍藏"。

攴禺啓匜

廬江劉晦之善齋傳拓本，拓本舊藏者題記"劉會芝，匜文"。拓本另紙先生小識"攴禺啓匜，善齋"。拓本先生鈐印"吳興施舍"。

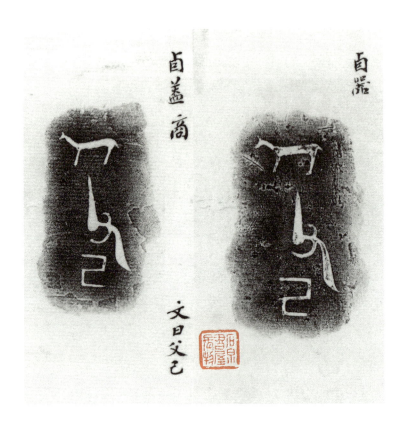

犬父己卣

利津李竹朋石泉書屋藏本，器蓋分拓二紙，獸形、父己。拓本李氏分別題記"卣器""卣蓋　商""文曰父己"，先生另紙小識"犬父己卣"。拓本李氏鈐印"石泉書屋長物"，先生鈐印"舍之珎藏"。

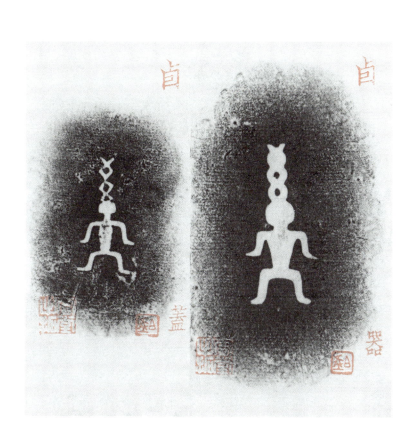

奚卣

上虞羅叔蘊宸翰樓傳拓本,器蓋分拓二紙,分別印記"卣　器""卣蓋"。拓本另紙先生小識"奚卣"。拓本羅氏鈐印"雪堂手拓""伯□"。

戈卣

上虞羅叔蘊宸翰樓傳拓本，器蓋分拓二紙，拓本各印記"卣器""卣 蓋"。拓本另紙先生小識"戈卣，匋齋"。拓本二紙羅氏皆鈐印"雪堂珍祕""伯□"。

瞿獸形冊冊卣

器蓋分拓二紙，拓本先生題記"卣　器、蓋"。先生另紙小識"瞿獸形冊冊卣，貞松［羅振玉《貞松堂集古遺文》著錄］"。拓本器蓋先生分別鈐印"舍之審定"。

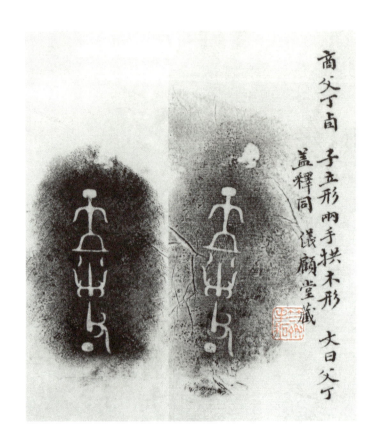

父丁卣

　　歸安陸心源儀顧堂藏器，歸安陸仲敏竺齋傳拓本，器蓋分拓二紙。拓本右器陸氏題記"商父丁卣　子立形，兩手拱木形，文曰父丁。蓋釋同。儀顧堂藏"，先生另紙小識"立囗父丁卣"。拓本陸氏鈐印"竺齋手拓"，先生鈐印"舍之攷古""舍之珍藏"。

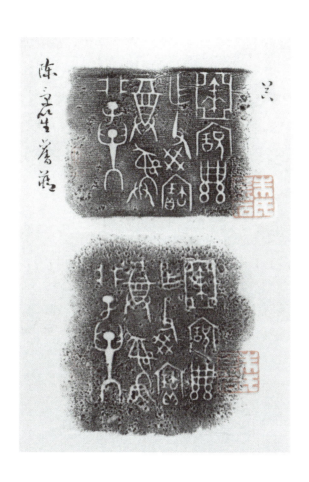

父癸卣

　　海寧陳均松籟閣、平湖朱大章敬吾心室遞藏本，器蓋分拓二紙。拓本朱氏題記"陳受笙舊藏"，先生另紙小識"父癸卣，《攈古錄》從徐同柏說，作'覒辱卣'"。拓本二紙朱氏皆鈐"朱氏金石"，別有陳氏二印漫漶，先生鈐印"施舍金石"。按：先生從阮元《積古齋鐘鼎彝器款識》題名"父癸卣"。

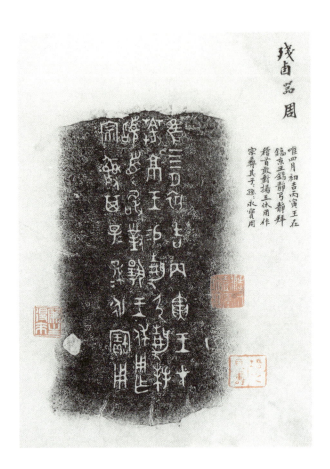

靜卣

福山王懿榮天壤閣傳拓本，歸安陸培之固廬藏本。拓本題記"殘卣器 周""唯四月初吉丙寅王在、鎬京王錫靜弓靜拜、稽首敢對揚王休用作、宗彝其子子孫孫永寶用"。先生另紙小識"靜卣，阮識［阮元《積古齋鐘鼎彝器款識》］作'繼彝'"並印"施舍金石"。拓本王氏鈐印"廉生得來"，陸氏鈐印"陸氏樹基珍藏""培之長壽"，先生鈐印"舍之珍藏""舍之攷古"。

甗器兩銘

別附甗銘一紙，皆上虞羅叔蘊宸翰樓傳拓本。右父辛甗蓋，亞中奉尊形，拓本印記"甗"，先生另紙小識"父辛甗 蓋"，拓本羅氏鈐印"雪堂珍祕""伯□"，先生鈐印"施舍所得"。左父乙甗，丙父乙，拓本印記"甗"，先生另紙小識"丙父乙甗"並繪圖形"足如鬲"，拓本羅氏亦鈐印"雪堂珍祕""伯□"。

父乙彝

别附豆器二紙。右山陰何澂思古齋傳拓本，拓本另紙先生小識"父乙彝 《攈古録》，第一字或釋叔叔、或作子子、或作虎虎"，拓本何氏鈐印"竟山手拓"。按：南海吳榮光《筠清館金文》（又作《筠清館金石録》、《筠清館金石文字》）著録為"商父乙彝，虨、幺女、父乙"，云"第一字疑是虨字，虨下乃幺女二字，合文說文幺小也，幺女，幼女也。虨，或其女之字。此器當是女為父作者"，先生嘗題曰"商子子幺女父乙彝"。左周虢叔豆，器銘蓋銘分拓二紙，上器拓本鈐印漫漶，下蓋拓本先生鈐印"施舍金石"。

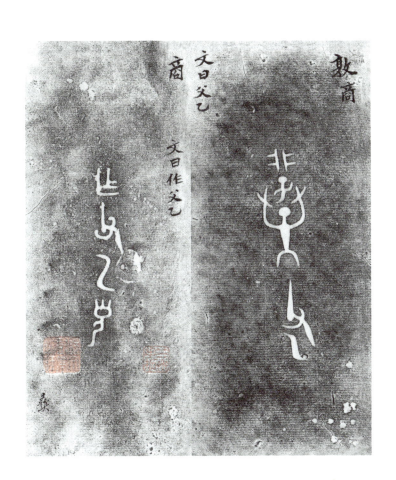

父乙兩器

　　歸安陸仲敏竺齋傳拓本，歸安陸培之固廬藏本。右父乙敦，款銘"析木形、子孫、父乙"，拓本陸氏題記"敦　商，文曰父乙"，拓本先生鈐印"舍之"。左父乙彝，款銘"作父乙囗"，拓本陸氏題記"商　彝，文曰作父乙"，拓本陸仲敏鈐印"竺齋手拓"，陸培之鈐印"陸氏樹基珎藏"，先生亦鈐"舍之珎藏"。

父丁鼎

上虞羅叔蘊宸翰樓傳拓本,拓本印記"鼎"。拓本另紙先生小識"父丁鼎""亞形中日、草、虎、父丁"。拓本羅氏鈐印"雪堂珍祕""伯□"。

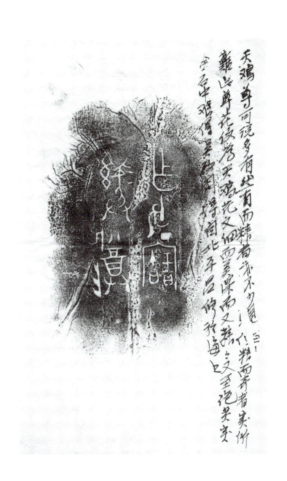

父丁尊

别稱"天鷄尊",南潯吳氏啓周傳拓本。拓本吳氏題跋"天鷄尊可說多有,然有而精者,亦不少見,但精而奇者,實所難。此尊花紋為天鷄,花文細而美,深而又精,精又至絶矣,實金石中難得。吳啓周得自北平昌,修於海上"。

母父丁尊

嘉興張叔未清儀閣傳拓本。拓本張氏題記"商母父丁尊""每 父丁",拓本張氏鈐印"慶榮寶藏"。先生嘗作題跋,《母父丁尊》記云"左曰'父丁',右曰'母'。徐同柏[嘉興徐籀莊《從古堂款識學》]釋'母'為'每'……其說甚迂曲,不可從。此自是祭父母之器"。(見《北山集古錄》)

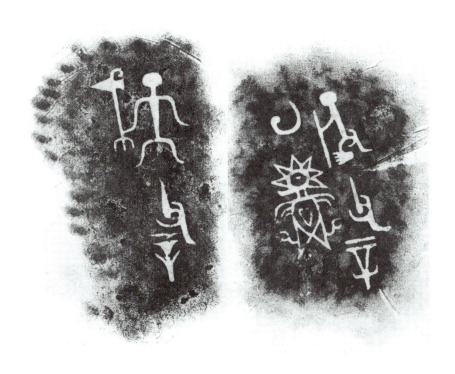

父辛兩器

吴縣吴氏愙齋藏器，拓本二紙。右款銘"子執枝、文曰父辛、日下斿形"，先生另紙小識"父辛尊，愙[吴大澂《愙齋集古録》著録]"。左款銘"子執戈、文曰父辛"，先生另紙小識"子執戈，父辛甗，愙[吴大澂《愙齋集古録》著録]"。拓本二紙先生皆鈐印"舍之攷古"。

子執弓形瓰

利津李竹朋石泉書屋藏本，商瓰款銘"子執弓形、獸形、父丁"。拓本李氏題記"瓰　商""子執弓形""文曰父丁"。拓本李氏鈐印"石泉書屋長物"，先生鈐印"舍之珎藏"。

旗單彝龍觚

商器拓本二紙，皆商城楊鐸函青閣藏本。右旗單彝，拓本楊氏題記"彝"。先生另紙小識"商旗單彝""阮識〔阮元《積古齋鐘鼎彝器款識》〕五，小異"，拓本楊氏鈐印"石卿"，先生鈐印"施舍金石"。左龍觚，拓本楊氏題記"商 文曰父"，先生另紙小識"龍觚，薛識〔薛尚功《歷代鐘鼎彝器款識法帖》著錄〕"，拓本先生鈐印"舍之珍藏"。

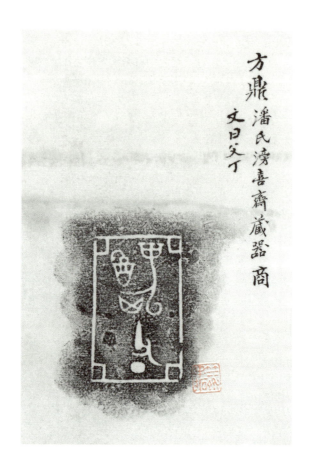

方鼎

　　吳縣潘氏攀古樓藏器，歸安陸仲敏竺齋傳拓本。商鼎款銘"亞形中格上三矢、酉形、父丁"。拓本陸氏題記"方鼎　潘氏滂喜齋藏器　商，文曰父丁"。拓本陸氏鈐印"竺齋手拓"，先生鈐印"舍之珍藏"。按：先生題名"父丁鼎"。

亞彝三銘

　　蘇州曹載奎懷米山房傳拓本，三紙。右商器亞季彝，拓本先生鈐印"施舍所得"，按：吳式芬《攈古録》著録"作季、尊彝"。左上商器亞尊，拓本曹氏鈐印"吳下曹氏秋舫藏器"，先生鈐印"施舍金石"。左下商器亞形父丁觚，拓本曹氏鈐印"秋舫藏器"，先生鈐印"施舍金石"，按：吳式芬《攈古録》著録。

彭女舉觶

　　海鹽張燕昌芑堂傳拓本。拓本舊藏者題記"彭女舉"。先生另紙小識"彭女舉觶　阮識〔阮元《積古齋鐘鼎彝器款識》〕五有'彭女舉觶',銘四字,'舉'下又有'舉'字,不知此是失拓否"。拓本張氏鈐印"金粟山人",先生鈐印"施舍金石"。

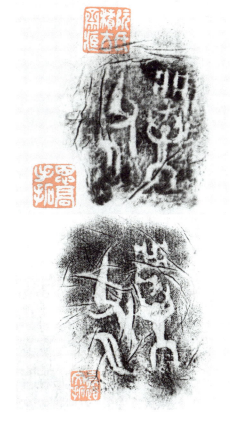

析父乙觶

選輯兩銘。一揚州阮雲台積古齋傳拓本，商器析父乙觶，先生另紙小識"析木形，子孫，父乙。阮識［阮元《積古齋鐘鼎彝器款識》］二，析父己觶與此同，'乙'誤釋作'己'"，拓本阮氏鈐印"阮氏積古齋藏""恩高手拓"，先生鈐印"施舍金石"。一袁裕文傳拓本，商器析子孫父乙彝，拓本袁氏鈐印"袁裕文拓"，先生鈐印"施舍金石"。

中作父丁盉

錢塘何澍拓本，器蓋分拓二紙。拓本先生題記"盉"、右"蓋"、左"器"，另紙小識"中作父丁盉　攗古［吳式芬《攗古錄》著錄］"。拓本何氏鈐印"夙明手拓"，先生鈐印"施舍所得"。

魯公鼎

　　別附王主父丁尊一紙。上為魯公鼎，婁縣張詩齡小重山房傳拓本，拓本先生題記"鼎"，又另紙小識"魯公鼎　阮［阮元《積古齋鐘鼎彝器款識》］四"，拓本張氏鈐印"元卿手拓"，先生鈐印"施舍金石"。下為王主父丁尊，蘇州曹載奎懷米山房傳拓本，先生另紙小識"王主父丁尊　阮識［阮元《積古齋鐘鼎彝器款識》］一"，拓本曹氏鈐印"吳下曹氏秋舫藏器"，先生鈐印"施舍所得"，又嘗作題跋，《王主父丁尊》記云"阮氏'積古齋款識'著錄，題作'王主父丁尊'，銘文二行""余此本乃懷米山房曹氏藏器拓本，文四行，字亦小異"。（見《北山集古錄》）

酉父癸鼎

上虞羅叔蘊宸翰樓傳拓本，拓本羅氏硃書題記"尊　父、癸（《金索·一》）"並印記"鼎"。拓本另紙先生小識"酉父癸鼎"。拓本羅氏鈐印"雪堂珍祕""伯□"。按：此本阮元《積古齋鐘鼎彝器款識》著錄，卷一頁十五"象形父丁尊"。

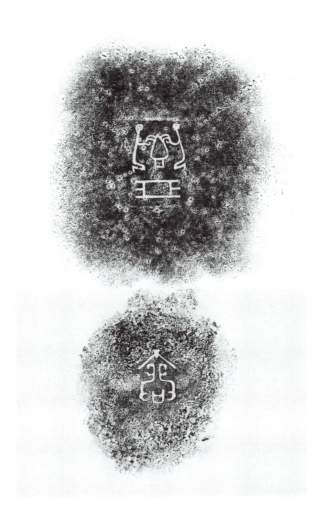

饗壺

別附商彝器銘一紙，皆廬江劉晦之善齋傳拓本。上器為饗壺，拓本先生鈐印"舍之攷古"，按：先生嘗曰"鮑扶九〔鮑鼎默厂〕釋'亞'乃堂阼，形上象二人奉酒尊，乃古饗字也"。下器為商彝，拓本先生亦鈐印"舍之攷古"。

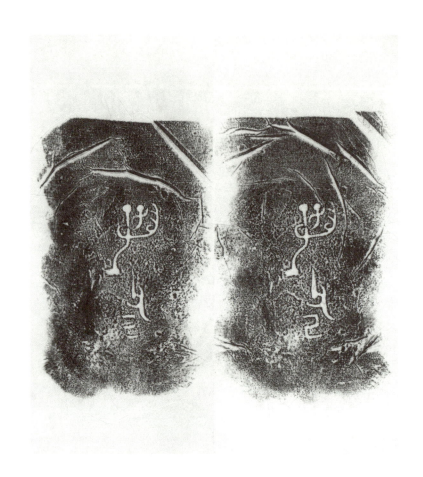

抱子形父己斝

　　器、蓋分拓二紙，款銘為象人抱子以手护卫之形，文曰"父己"。拓本先生題記"斝"，又另紙小識"抱子形父己斝"。拓本器蓋先生分別鈐印"舍之審定"。

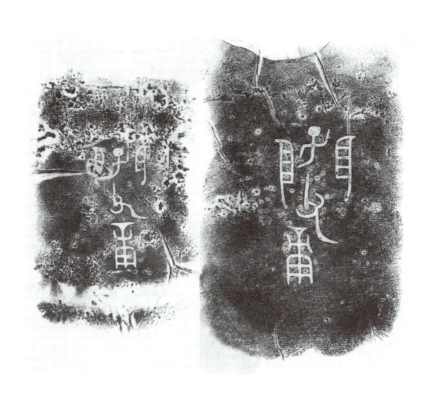

子門父庚彝

　　子門父庚彝精拓本,器、蓋分拓二紙,右器拓本先生鈐印"施舍金石",左蓋拓本先生鈐印"舍之審定"。

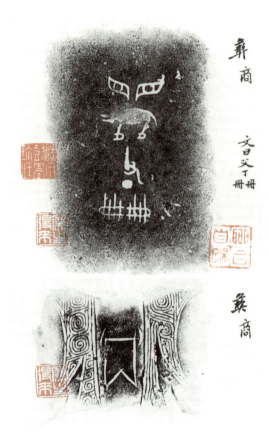

䀇犧形父丁彝

　　福山王懿榮天壤閣傳拓本，歸安陸培之固廬藏本，拓本王氏題記"彝　商　文曰父丁冊冊"，拓本王氏鈐印"廉生得來"，陸氏鈐印"陸氏樹基珍藏"，另有一印"聊以自娛"，先生鈐印"舍之珎藏"。別附彝銘一紙，亦福山王懿榮天壤閣傳拓本，拓本王氏題記"彝　商"，拓本王氏鈐印"廉生得來"，先生鈐印"舍之珎藏"。

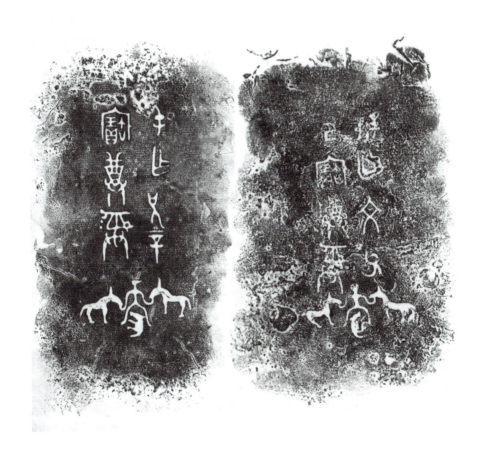

辨作文父己彝

　　別附一器。右辨作文父己彝，拓本另紙先生小識"辨作文父己彝，貞松［羅振玉《貞松堂集古遺文》著録］"，拓本先生鈐印"舍之審定"。左干作兄辛尊，拓本先生鈐印"舍之審定"。

奭彝

　　漢陽葉東卿平安館傳拓本，平湖朱大章敬吾心室、川沙沈均初漢石經室遞藏本。拓本舊藏者題記"奭彝"並印記"彝"。拓本葉氏鈐印"葉氏所藏"，朱氏鈐印"善旂審定"，沈氏鈐印"沈樹鏞鄭齋攷藏"，先生鈐印"施舍所得"。先生另紙小識"王靜安云此器偽，恐所見拓本乃摹刻"。

庚姬彝

華亭許威子重舊藏。拓本許氏題跋"此鼎紋不細緻,三足有一重接,然的是周器。銘又不佳,係後造,積古齋有此"並印"許威之印",拓本紙背亦鈐"許威之印"。先生另紙小識"庚姬彝 阮[《阮元《積古齋鐘鼎彝器款識》]五",又嘗作題跋《庚姬彝》。(見《北山集古錄》)

史彝

别稱"大彝爐",南潯吳氏啓周傳拓本,有復本。拓本吳氏題跋"彝爐器內字文,理外全身水銀浸,饕餮花文三,從全身不漏地。重,天平六斤半,通身高漢尺六寸,計重壹百零四兩,口元九寸二分,凸元料大二分,兩耳全身陰花,惟耳下無墜扭。然精於各耳內,有精細陰文,陽花虎面各一,其大滿步耳內,無餘地。海上吳啓周玉甥葉書裳得於北方,甲戌四月拓上海上"。另本吳氏題識"大彝爐,白銀浸全身花,民念叁年荷月。吳甥葉書裳得於北京,修於海上"。

遽伯睘彝

南潯張石銘適園傳拓本。先生另紙小識"遽伯睘彝 阮識[阮元《積古齋鐘鼎彝器款識》著録]"。拓本張氏鈐印"適園藏器"。先生嘗作題跋,《遽伯睘彝》記云"此本乃器在適園張氏時所拓""製器而箸其所費,此金文中罕見。諸器皆有子孫永寶用之文,此獨無,遽伯亦達者矣"。(見《北山集古録》)

吉金篇 北山樓金石遺迹 四六

仲宦父鼎

歸安吳平齋兩罍軒藏本。先生另紙小識"仲宦父鼎"。拓本吳氏鈐印"吳雲私印",先生鈐印"施舍所得"。

叔皮父敦

　　平湖朱大章敬吾心室傳拓本，川沙沈均初漢石經室藏本。拓本題記"鑄叔皮父敦"，先生另紙小識"叔皮父殷"。拓本朱氏鈐印"善旂審定"，沈氏鈐印"樹鏞審定""沈均初"，先生鈐印"施舍所得"。按：此本鄒安《周金文存》著錄。

太僕歸父盤

㴸陽端午橋陶齋傳拓本。拓本另紙先生小識"太僕歸父盤　匋齋。善齋〔劉晦之《善齋吉金錄》〕著錄一器，'命'字與此不同"，拓本先生鈐印"施蟄存"。

夆叔盤

開封李白鳳蟬盦藏本。先生另紙小識"夆叔盤""貞松〔《貞松堂集古遺文》〕著録"。拓本李氏鈐印"希品""李逢審定",先生鈐印"北山樓""施舍金石"。

虎紋鼎

上虞羅叔蘊宸翰樓傳拓本，拓本印記"鼎"。拓本另紙先生小識"虎鼎　無字"。拓本羅氏鈐印"雪堂手拓""伯□"。

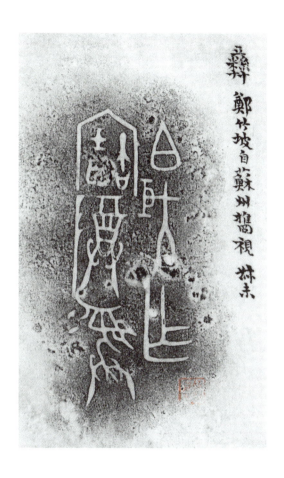

伯矩簋

　　嘉興張叔未清儀閣傳拓本。拓本張廷濟題記"彝　鄭竹坡自蘇州攜視，叔未"，先生另紙小識"伯矩殷"。拓本張氏鈐印"夢得"，先生鈐印"施舍所得"。

大豐簋

濰縣陳介祺簠齋傳拓本，柴氏育楨藏本。拓本鈐印"柴育楨印"，先生鈐印"施舍所得"。按：此器又名"朕簋""天亡簋"。先生嘗小識"聃殷，窓〔齋〕""大豐殷，徐同柏〔嘉興徐籀莊《從古堂款識學》〕作'祀刊殷'，奇觚室〔劉心源《奇觚室吉金文述》〕作'天無殷'，窓齋〔吳大澂《窓齋集古錄》〕作'聃殷'。77字，簠齋器"。

郘伯簋

器蓋二紙。右器為平湖朱大章敬吾心室傳拓本，川沙沈均初漢石經室藏本，先生另紙小識"郘伯達㲃，窆［齋］作'羞㲃'""羅振玉藏郘伯㲃蓋，未知即屬此器否，待檢"，拓本朱氏鈐印"善旂審定"，沈氏鈐印"沈樹鏞鄭齋攷藏"，先生鈐印"施舍所得"，嘗作題跋，《郘伯㲃》記云"'伯'下一字稍漫滅，當為'達'字。'寶'字下作'羊㲃'，疑是一字，非二字""瑯琊費縣南有郘亭，當即此郘伯之食邑"。（見《北山集古錄》）左蓋為上虞羅叔藴宸翰樓傳拓本，拓本印記"㲃"，另紙先生小識"郘伯㲃，蓋"，拓本羅氏鈐印"雪堂珍祕""伯□"，先生鈐印"施舍所得"。

王子申簠

上虞羅叔蘊宸翰樓傳拓本，拓本印記"簠"。拓本羅氏鈐印"雪堂珍祕""伯□"，先生鈐印"施舍所得"。

旗鼎

上虞羅叔蘊宸翰樓傳拓本，拓本印記"鼎"。拓本另紙先生小識"旗鼎，阮識［阮元《積古齋鐘鼎彝器款識》］一，愙齋［吳大澂《愙齋集古錄》］三"。拓本羅氏鈐印"雪堂珍祕""伯□"。

雔伯鼎

上虞羅叔蘊宸翰樓傳拓本，拓本印記"鼎"。拓本另紙先生小識"雔伯鼎"。拓本羅氏鈐印"雪堂手拓""伯□"。按：舊又作"瞆伯鼎"。此器先生記錄原係歙縣鮑子年臆園舊藏。

自鼎自彝

　　此輯二器皆上虞羅叔藴宸翰樓傳拓本。右拓本羅氏印記"鼎",另紙先生小識"自鼎"。左拓本羅氏印記"彝",另紙先生小識"自彝,兩罍軒[吳雲《兩罍軒彝器圖釋》著録]""自為鄎仲寶彝"。二器拓本羅氏皆鈐印"雪堂手拓""伯□"。

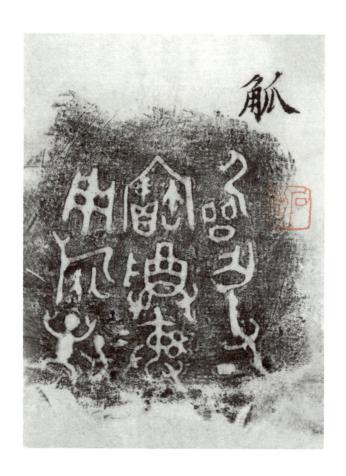

咎作父丁觚

商城楊鐸函青閣藏本，拓本題記"觚"。先生另紙小識"咎作父丁觚"。拓本楊氏鈐印"石卿"，先生鈐印"施舍金石"。先生嘗作題跋，《父丁觚》記云"此'子孫'乃圖像，郭沫若以為族徽也"。（見《北山集古錄》）

寮司徒㮐簋

　　平湖朱大章敬吾心室、川沙沈均初漢石經室遞藏本。拓本先生另紙小識"寮司徒㮐殷"。拓本朱氏鈐印"善旂審定"，沈氏鈐印"沈樹鏞"，先生鈐印"施舍所得"。按：此器舊稱"司土敢"，王國維《三代秦漢金文著録表》題名"旂司土殷"，吳式芬《攗古録》、吳大澂《愙齋集古録》亦著録。

日庚作父癸彝

　　別附彝銘一紙，二器皆上虞羅叔薀宸翰樓傳拓本。右日庚作父癸彝，拓本羅氏印記"彝"，另紙先生小識"日庚作父癸彝，阮識［阮元《積古齋鐘鼎彝器款識》著録］"。左父己彝，拓本羅氏印記"彝"，另紙先生小識"亞形中［立］戈，父己彝，羅録［羅振玉著録］"。二器拓本羅氏皆鈐印"雪堂手拓""伯□"。

齊癸姜簋

川沙沈均初漢石經室藏本。先生另紙小識"齊癸姜毁"。拓本沈氏鈐印"沈樹鏞鄭齋攷藏",先生鈐印"施舍所得"。按:此器先生又嘗作"周齊癸姜敦"。

龍鼎嬴氏鼎

二器皆上虞羅叔蘊宸翰樓傳拓本。右拓本羅氏硃書釋文"龍作寶器"並印記"鼎",先生另紙小識"龍鼎",按:吳大澂《愙齋集古錄》釋作"䰝"。左拓本印記"鼎",先生另紙小識"嬴氏鼎"。二器拓本羅氏皆鈐印"雪堂手拓""伯□"。

史頌簋

定遠方濬益綴遺齋藏本。先生另紙小識"史頌殷"。拓本方氏鈐印"方伯裕樂未央富貴昌宜矦王",先生鈐印"施舍所得"。

吉金篇　北山樓金石遺迹　六四

中師父鼎

　　上虞羅叔蘊宸翰樓傳拓本。拓本羅氏硃書題記"師父鼎"並印記"鼎"，先生另紙小識"中師父鼎　匋齋著録［端方《陶齋吉金録》］，愙［吳大澂《愙齋集古録》著録］、攟［吳式芬《攟古録》著録］"。拓本羅氏鈐印"雪堂珍祕""伯□""宸翰樓所藏金石文字"，先生鈐印"施舍所得"。

仲叀父敦

歸安陸仲敏竺齋傳拓本,拓本題記"周 敦""唯王正月仲,□父作□,敦其萬年,子子孫孫永寶用"。先生另紙小識"仲叀父殷,《貞松堂集古遺文》",拓本陸氏鈐印"竺齋手拓",先生鈐印"舍之珍藏""施舍金石"。

格伯敦

　　上虞羅叔薀宸翰樓傳拓本，拓本羅氏硃書題記"格伯敦"並印記"敦"。拓本另紙先生小識"格白敦，東武劉氏清愛堂舊藏。《攈古錄》［吳式芬著錄］"。拓本羅氏鈐印"雪堂珍祕""伯□"，先生鈐印"施舍所得"。

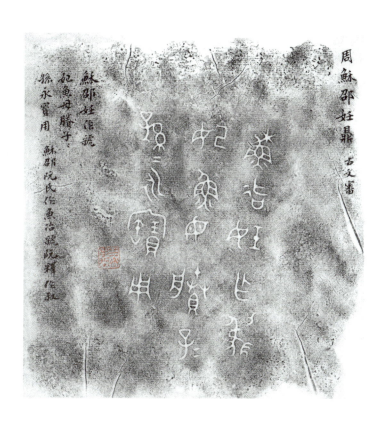

䣄冶妊鼎

归安陆仲敏竺斋传拓本,拓本题记"周䣄邵妊鼎 古文审""䣄邵妊伯虢、妃魚母媵子子、孙孙永寶用。'䣄邵'阮氏作'魚冶','虢'阮释'伦叔'"。先生另纸小识"䣄冶妊鼎"。拓本陸氏鈐印"竺斋手拓",先生钤印"舍之珍藏""施舍金石"。此器铭拓,先生别有一本,为上虞罗叔蕴宸翰楼传拓本,拓本印记"鼎",罗氏钤印"雪堂珍祕""伯□",先生钤印"施舍所得",并小识"䣄冶妊鼎,阮识〔阮元《積古齋鐘鼎彝器款識》〕四",又尝作题跋《䣄冶妊鼎》,记云"此器已有阮氏著錄……惟'媵'字在此當為名詞,阮释恐未審"。(见《北山集古録》)

友作文考簋

　　歸安陸仲敏竺齋傳拓本，拓本題記"周　唯正月初吉□□、將鼎□作朕文考□、公皇考季氏尊敦、用……萬年無、疆多寶□其萬年、子子孫孫永寶用享"。先生另紙小識"友作文考殷　西清［《西清古鑒》著錄］，善齋［劉晦之《善齋吉金録》著錄］"。拓本陸氏鈐印"竺齋手拓"，先生鈐印"舍之珎藏""施舍所得"。

大簋蓋銘

跛仙傳拓本，拓本另紙先生小識"大殷 蓋，周金文存〔鄒安《周金文存》著録〕"。拓本鈐印"跛仙手拓金石文字之印記"，先生鈐印"施舍金石"。

愙鼎銘

揚州蔡鍾濟易盒藏本,拓本另紙先生小識"愙鼎"。拓本蔡氏鈐印"易盒審定",先生鈐印"施舍金石"。

尨姞簋

金陵翁思益永平竟室藏本。拓本先生題記"尨姞敦",又另紙小識"尨姞敦,簋〔吳大澂《愙齋集古録》著録〕"。拓本翁氏鈐印"翁思益印""永平竟室藏",先生鈐印"舍之審定"。按:此器又作蔡姞簋,吴縣潘氏攀古樓舊藏。

鄂侯馭方鼎

金陵翁思益永平竟室藏本。拓本先生題記"馭方鼎",又另紙小識"右馭方鼎與愙齋著錄本同"。拓本翁氏鈐印"友三目福""永平竟室",先生鈐印"施舍金石"。

豆閉簋

吳縣潘氏攀古樓藏器,歸安陸培之固廬藏本。拓本先生題記"周　豆閉敦",拓本陸氏鈐印"陸氏樹基珍藏",先生鈐印"舍之珍藏""舍之審定"。按:先生嘗曰"窓[齋]作鄧閉敦,潘伯寅藏器"。

無臭敦

上虞羅叔蘊宸翰樓傳拓本，蓋器分拓二紙，各印記"啟 蓋""啟器"。拓本先生另紙小識"無臭啟，器、蓋"。拓本羅氏鈐印"宸翰樓所藏金石文字""雪堂手拓""伯囗"，先生鈐印"施舍所得"。

陳矦作孟姜簠

上虞羅叔蘊宸翰樓傳拓本,拓本羅氏硃書題記"陳矦簠"並印記"簠"。拓本羅氏鈐印"雪堂珍祕""伯□"。

秦公簋

合肥張氏傳拓本，揚州秦氏嬰闇藏本，器蓋銘文分拓二紙。拓本張氏鈐印"合肥張廣建勛伯父藏器"，秦氏鈐印"嬰闇審釋彝器款識""秦更年""秦曼青"，先生二紙皆鈐印"施舍金石"。附先生過錄郭沫若"秦公毁"釋文一頁並印"施舍長年"。

曾伯汆簠

此曾伯汆簠銘記一紙,為柴氏育楨舊藏精拓墨本。拓本鈐印"柴育楨印",先生鈐印"北山樓""施舍長年"。

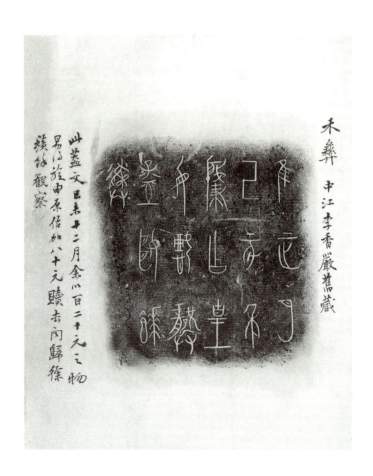

禾彝

中江李鴻裔蘇鄰小築、杭州鄒景叔四王鉢齋遞藏本。拓本鄒氏題記"禾彝 中江李香嚴舊藏",又跋記"此蓋文,己未十二月,余以百二十元之物易得,旋由原估加八十元贖去,閱歸徐積餘觀察"。拓本另紙先生小識"貞松堂著錄作'禾肇彝',審此拓,恐乃傲刻。舍之",拓本先生鈐印"施舍金石"。

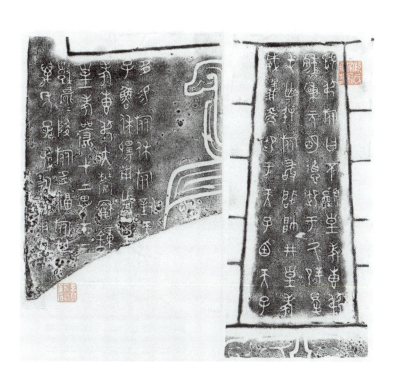

虢叔大䢼鐘銘

選輯揚州阮雲台積古齋傳拓本，器銘分拓二紙。拓本另紙先生小識"虢叔大林鐘"，拓本阮氏鈐印"阮氏家廟藏器""恩高所拓金石"，先生鈐印"施舍所得"。先生嘗作詩詠之，記云"虢叔大䢼鐘傳世者三，銘文並同。阮芸臺所得者最大，張叔未所得者次之，伊墨卿所得者最小，皆明末清初出土。三家所得傳墨本，均有鈐記，余悉得之"。（見《金石百詠》）

叔編鐘

潍縣陳介祺簠齋傳拓本。拓本鈐印"簠齋藏三代器""齊東陶父"。先生另紙小識"叔編鐘　螯伯鐘，窯齋〔吴大澂《窯齋集古録》著録〕"。

僕兒鐘

　　僕兒鐘第二紙，濰縣陳介祺簠齋傳拓本。先生另紙小識"僕兒鐘第二紙，阮識［阮元《積古齋鐘鼎彝器款識》］作楚良臣余義鐘"。拓本阮氏鈐印"平生有三代文字之好""十鐘山房藏钟"。

者汈鐘

者汈鐘第二紙,濰縣陳介祺簠齋傳拓本。拓本另紙先生小識"者汈鐘第二紙,簠齋"。拓本阮氏鈐印"十鐘山房藏钟"。

王孫鐘銘

蘄春陳肇一、錢塘邊氏君子館遞藏本，銘文分拓六紙。拓本陳氏題記"王孫鐘"。拓本陳氏鈐印"陳乾之鉢""肇一藏三代文字"，邊氏鈐印"邊成""政平"。

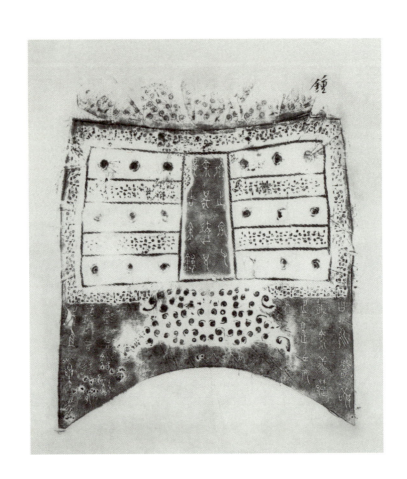

邾公釛鐘

杭州鄒景叔四王鉢齋傳拓本，拓本鄒氏題記"鐘"，先生另紙小識"邾公釛鐘　窓齋，卅六字"。

楚公鐘

上虞羅叔蘊宸翰樓傳拓本。拓本羅氏硃書題記"楚公鐘 文字左行"並印"伯□",拓本印記"鐘"。另紙先生小識"楚公鐘 阮識〔阮元《積古齋鐘鼎彝器款識》〕三"。拓本羅氏鈐印"雪堂珍祕""伯□",先生鈐印"施舍所得",又嘗作題跋《楚公鐘》,記云"此器文字奇古,其殷商晚年之器乎"。(見《北山集古錄》)

留鐘

杭州鄒景叔四王鉢齋傳拓本,拓本鄒氏題記"留鐘""紐上兩虎相對,製極精美"。拓本鄒氏鈐印"適廬所藏",先生鈐印"吳興施舍所得古金石專瓦文""施舍金石"。

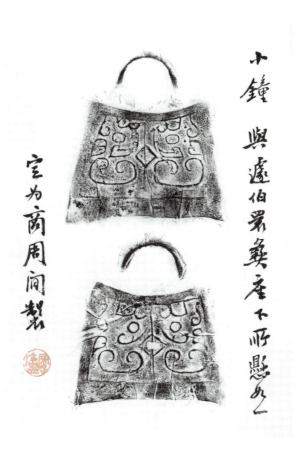

小鐘

杭州鄒景叔四王鉢齋傳拓本。鐘正背合拓一紙，後裁分二紙裝冊。拓本鄒氏題記"小鐘，與遽伯罴彝座下所懸如一""定為商周間製"並印"適廬"。拓本二紙先生皆鈐"施舍金石"。

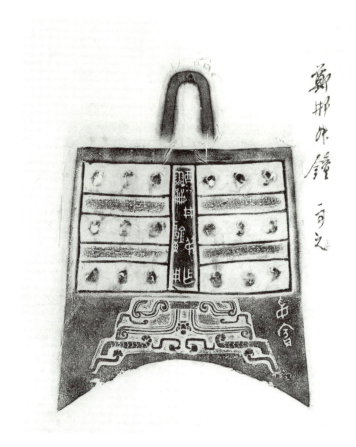

鄭邢叔綏賓鐘

杭州鄒景叔四王鉢齋傳拓本。拓本鄒氏題記"鄭邢叔鐘，二四元"。拓本鈐印"施舍金石"。按：阮元《積古齋鐘鼎彝器款識》、鄒安《藝術叢編》著錄。

妣龏母鐘

廬江劉晦之善齋傳拓本,杭州鄒景叔四王鉢齋藏本。拓本先生鈐印"施舍金石"。按:鄒安《藝術叢編》著錄。

冀鐸

拓本先生小識"冀鐸"。拓本先生鈐印"施舍所得"。別附一紙,舊藏者之器銘釋文"斅作旅鐘其萬年永寶用。第一字不識,無可攷"。

王大娘等造銅佛像

梁大同二年信女王大娘等九人造銅佛像，像正背分拓二紙。拓本先生鈐印"施舍金石"。

樂安公主造銅佛像

北魏太和六年八月一日樂安公主造銅佛像，像正背分拓二紙。拓本先生鈐印"施舍金石"。

曹黨生造銅像

　　濰縣陳介祺簠齋傳拓本,北魏曹黨生造銅像正背分拓二紙。拓本另紙先生小識"陳簠齋藏北魏銅造像"。拓本陳氏鈐印"簠齋清供",先生鈐印"舍之長物"。

曹黨生造銅像銘

潍縣陳介祺簠齋傳拓本，北魏太和二十年五月八日高陽縣人曹黨生造銅像銘，正背分拓二紙。拓本陳氏鈐印"齊東陶父""半生林下田間"，先生鈐印"舍之長物"。

太和年造鎏金佛像

  北魏太和年間造鎏金佛像正背分拓二紙。拓本舊藏者題記"鎏金"。拓本先生鈐印"舍之長物""施舍長年"。

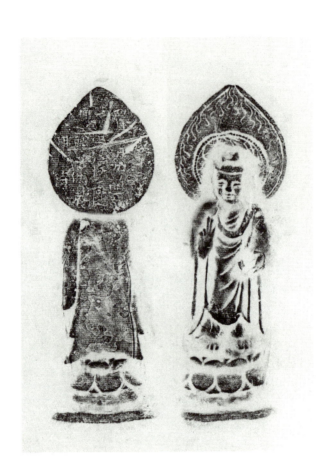

熙平元年造銅佛像

北魏熙平元年四月造銅佛像,像正背合拓一紙。拓本先生鈐印"施舍金石"。

正光六年造銅佛像

吳興周湘舲夢坡室傳拓本，北魏正光六年六月十日造銅佛像，像正背分拓二紙。拓本另紙先生小識"此亦夢坡室物，'獲古編'〔鄒壽祺編《夢坡室獲古叢編》〕未收入"。拓本先生鈐印"施舍所得"。

于長造銅佛像

西魏大統五年四月八日于長造銅佛像,像正背分拓二紙。拓本先生鈐印"施舍金石"。

陳忠造鎏金佛像

嘉興張叔未清儀閣傳拓本，東魏陳忠造鎏金佛像，正面兩側題刻"東魏陳忠造像　嘉興張廷濟敬題"，正面佛像及像背造像記分拓二紙。拓本先生分別鈐印"施舍金石""吳興施舍攷藏"。

武平五年銅牌佛像

揚州蔡鍾濟易盦傳拓本,武平五年正月十三日造銅牌佛像。拓本蔡氏鈐印"易厂手拓金石",先生鈐印"施舍金石"。

大業二年造銅佛像

　　隋大業二年造銅佛像，像正背及座側分拓三紙。拓本另紙先生小識"隋大業二年造像"。拓本先生鈐印"施舍金石"。

江永造鎏金佛像

隋仁壽二年十月八日江永造鎏金佛像，像正背合拓一紙。拓本先生鈐印"施舍金石"。

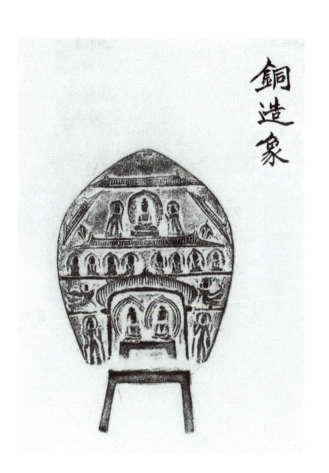

魏造銅佛像

魏時造銅佛像,像正面全形拓本一紙,拓本舊藏者題記"銅造象"。拓本無鈐印。

王五娘造小銅像

唐廣明元年三月女弟子王氏五娘造小銅像，像正面及像背造像記合拓一紙。拓本先生鈐印"施舍所得"。

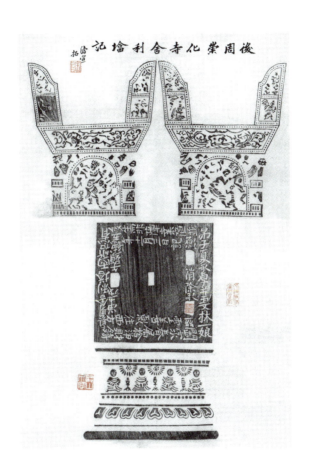

崇化寺舍利銅塔

紹興陶心雲稷山館傳拓本，殘本二紙。拓本一紙陶氏題記"後周崇化寺舍利塴記，濬宣拓"並印"陶"；一紙陶氏鈐印"文沖所得金石之印""濬宣審定""稷山文字"。按：吳雲《兩罍軒彝器圖釋》著錄。

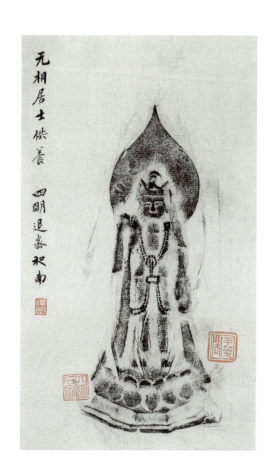

無相庵供養佛像

溧陽狄楚青平等閣傳拓本,寧波周氏四明石室藏本。拓本周氏題記"无相居士供養,四明退密和南"並印"退密"。拓本狄氏鈐印"平等閣",周氏鈐印"四明石室"。

瓜樸山麓小古品

李逢署

輯二 娛器篇

商車鉞

秀水汪儼齋汲古齋舊藏本，器正背合拓一紙。拓本汪氏題記"商車鉞 按《宣和博古圖錄》有商車爵，釋文云，蓋車有量，酒亦有量也。以見其不知量者，如覆車之有戒也，故以車銘之。此鉞亦銘曰，車夫戌，威斧也。杖而不用，明神武而不殺周禮大司馬秉戌，所以為將威也。戌而銘車，蓋古有兵車，而戌為師旅，所陳其亦取義覆車之戒與。儼齋汪思敬識"並印"思敬私印"。拓本汪氏鈐印"汲古齋""汪儼齋珍藏印"。

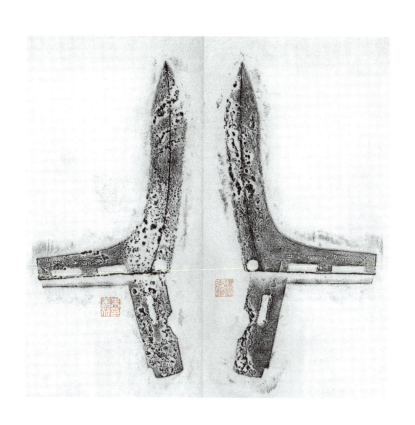

左軍戈

平湖朱大章敬吾心室傳拓本，戈正背分拓二紙。先生另紙小識"左軍戈"。拓本朱氏鈐印"建卿手拓""朱善旂印"，先生鈐印"施舍所得"。

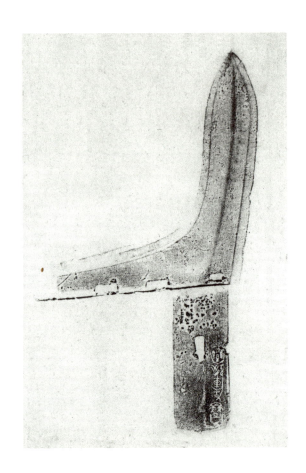

晉左軍戈

晉左軍戈拓本一紙。拓本另紙先生小識"晉左軍戈",又拓本先生鈐印"舍之審定"。按:阮元《積古齋鐘鼎彝器款識》著録。

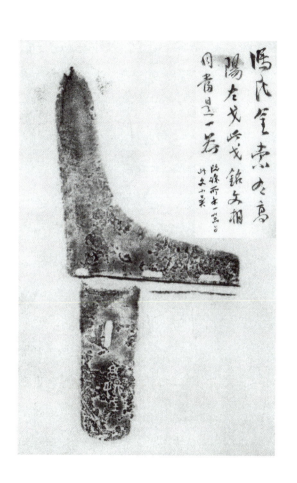

高陽左戈

周戈款銘"高陽左"。揚州阮雲台積古齋、漢陽葉東卿平安館、歸安吳平齋兩罍軒遞藏器,皆有著錄。拓本先生鈐印"舍之吉金"。別附舊藏者題識一紙,文曰"馮氏'金索'有高陽左戈,此戈銘文相同,當是一器""阮識〔阮元《積古齋鐘鼎彝器款識》〕所錄一器與此文小異"。先生嘗作題跋《高陽左戈》,記云"阮、吳均以高陽為人名,非也""可知高陽自黃帝以來有之。周時當為侯國,史失載耳。高陽左者,高陽國左軍所用戈也"。(見《北山集古錄》)

娱器篇

北山楼金石遗迹

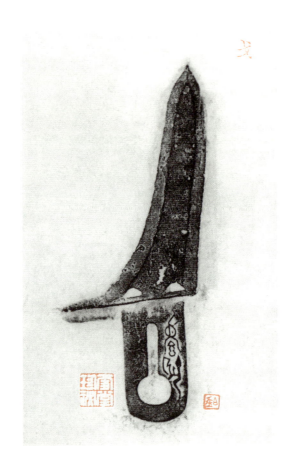

小戈

古兵器全形墨拓一紙，上虞羅叔蘊宸翰樓傳拓本。拓本印記"戈"，另紙先生小識"□□小戈"。拓本羅氏鈐印"雪堂珍祕""伯□"。

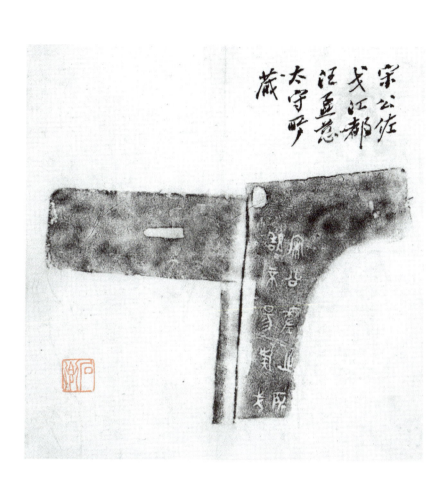

宋公佐戈

商城楊鐸函青閣藏本,《函青閣金石記》著録。拓本楊氏題記"宋公佐戈,江都汪孟慈太守所藏"。拓本楊氏鈐印"石卿",先生鈐印"施舍所得"。按:此周戈款銘"宋公佐之所艁丕陽侯戈",先生嘗曰"'侯',族戈,即宋元公佐"。又有釋作宋公差戈。

臣戈

臣戈全形墨拓一紙，廬江劉晦之善齋傳拓本。拓本題記"臣刀　善齋"。拓本先生鈐印"舍之長物"。

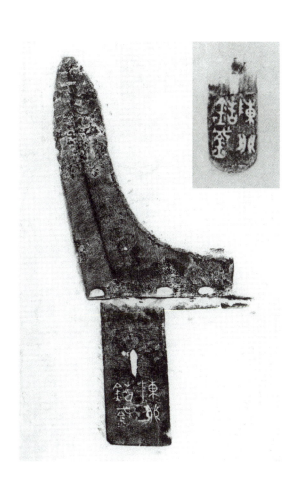

陳卯戈

周戈全形拓本，別附款銘另本一紙。周戈款銘"陳卯錯銕"，拓本另紙先生小識"周陳卯戈"，拓本先生鈐印"施舍所得"。別附上虞羅叔蘊宸翰樓藏器款銘，文同，拓本另紙先生小識"陳卯錯銕，貞松堂藏"。

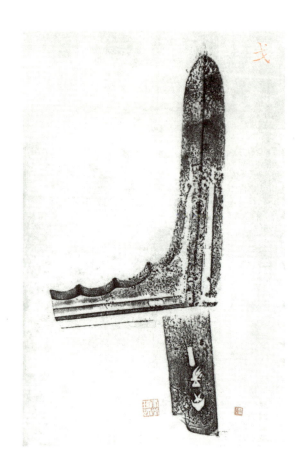

癸易戈

上虞羅叔蘊宸翰樓傳拓本，竟園藏本。拓本印記"戈"，另紙先生小識"癸易戈，竟園舊藏"。拓本羅氏鈐印"雪堂珍祕""伯□"，先生鈐印"舍之吉金"。

金書雕戈

金書雕戈全形墨拓一紙，上虞羅叔蘊宸翰樓傳拓本。拓本印記"戈"，另紙先生小識"金書雕戈"。拓本羅氏鈐印"雪堂珍祕""伯□"。

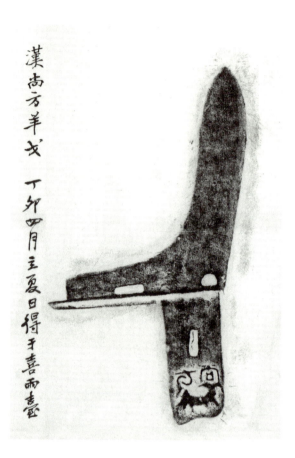

尚方羊戈

　　此品漢尚方羊戈全形墨拓一紙,杭州鄒景叔四王鉢齋傳拓本。拓本鄒氏題記"漢尚方羊戈,丁卯四月立夏日得於喜雨臺"。拓本先生鈐印"舍之攷古"。

牲形戈

桐城孫鼎傳拓本，揚州吳載龢師李齋藏本，戈正背合拓一紙。拓本揚州秦更年題記"此古兵之精者，背上牲形亦罕見。孫君藏器甚富，予嘗於荀齋［祁陽陳澄中］坐上一識其人，乃周叔弢之甥也。嬰闇居士"並印"嬰盦"。拓本孫氏鈐印"師匡古兵""孫師匡所得銘心絕品"，吳氏鈐印"吳載龢印""仲垌得來"，先生鈐印"施舍所得"。

青銅戟

上虞羅叔蘊宸翰樓傳拓本，拓本右上方有印記"戟"。拓本羅氏鈐印"雪堂珍祕""伯□"，先生鈐印"舍之吉金"。按：此器多用於車兵，此戟原件應是與矛的聯體合裝，惜此本未見矛，或已不存，原器似有殘缺。

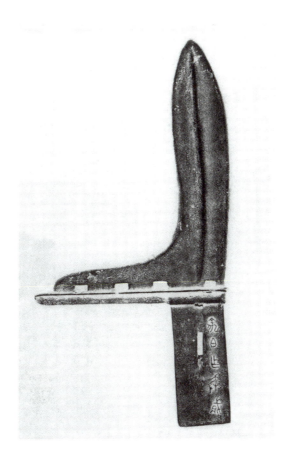

龍伯戟

此本先生鈐印"施舍所得"。拓本另紙先生小識"龍伯戈,阮識[阮元《積古齋鐘鼎彝器款識》]八,作'龍伯戟'""龍伯作奔戟,《周禮》旅賁氏掌執戈盾,此旅賁所執之戟,故曰奔戟"。先生嘗作題跋《龍伯戟》,記云"按古兵銘文若此者,皆作者自用器。如阮氏言,則此乃龍伯為旅賁作戟。如龍伯自用,則不可謂之奔戟,此釋似尚未安""龍,魯邑,在泰山郡博縣西南""此龍伯食采之邑"。(見《北山集古錄》)

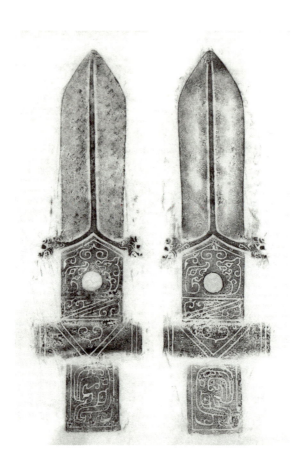

龍文瞿

　　古兵瞿器精拓墨本，器正背分拓二紙，拓本先生題記"龍文瞿"，又鈐印"舍之審定"。

趙司馬劍

周劍墨本一紙，另附舊藏者釋銘文，二行，行四字。拓本先生鈐印"施舍所得"。按：此劍銘文褚釋"潞黎司馬，趙懷陵勤"。

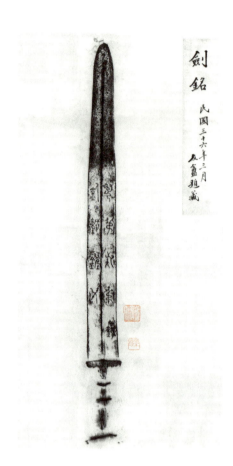

楚劍

武進黃氏祖康友盦藏本。拓本黃氏題記"劍銘,民國三十六年三月,友盦題藏"。拓本黃氏鈐印"武進黃祖康""墨緣",先生鈐印"吳興施舍所得古金石專瓦文"。按:此器款銘存疑,俟攷。

隴郡李氏造劍

歸安陸培之固廬藏本，秦劍正背合拓一紙。劍銘二行，篆曰"秦護軍中郎將，隴郡李氏之造劍"。拓本陸氏題記"秦劍"並劍銘釋文。拓本陸氏鈐印"陸氏樹基珍藏"，先生鈐印"舍之珍藏"。

娱器篇

北山楼金石遗迹

一二八

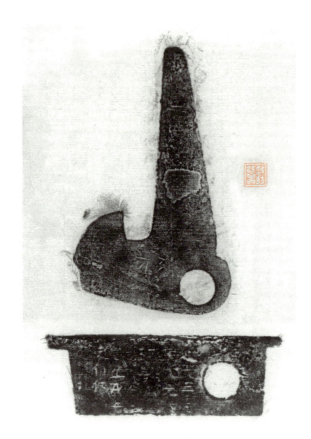

延光三年弩機

此古器弩機一品，山陰金越肪傳拓本。拓本另紙先生小識"延光三年弩機，牙上一字'郟'"。拓本金氏鈐印"越肪藏器"。

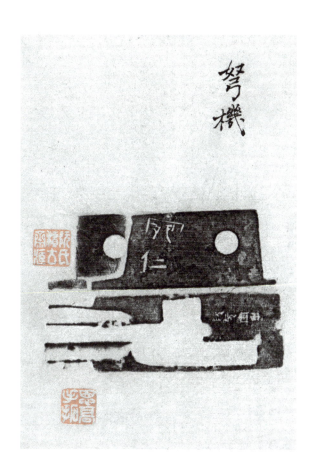

宛仁弩機

揚州阮雲台積古齋傳拓本，弩機款曰"宛仁"。拓本舊藏者題記"弩機"，拓本鈐印"阮氏積古齋藏""恩高手拓"，先生鈐印"施舍所得"。

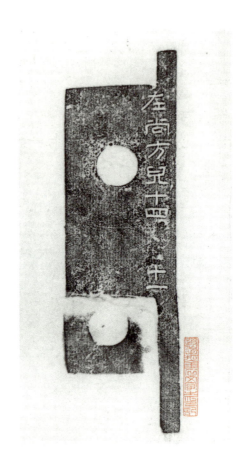

左尚方造弩機

　　此古兵左尚方造弩機墨紙，跛仙傳拓本。弩機款曰"左尚方兒十四，十一"，拓本另紙先生小識"左尚方造弩機"，拓本鈐印"跛仙手拓金石文字之印記"。

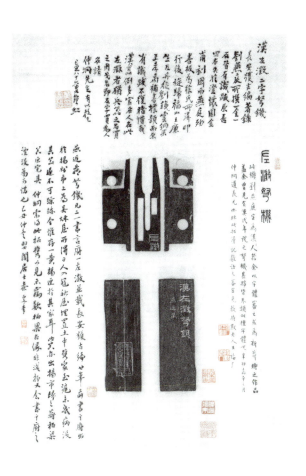

左澂弩機

揚州蔣柏梁巢居傳拓本，揚州吳載龢師李齋藏本。款銘"左澂"，題刻"漢左澂弩鐖　燕庭藏"並印記"東武劉氏燕庭審定"。先生題封"漢左澂弩機"。題記三段，一仁和王禔麋研齋題記"左澂弩機　此機劉燕庭定為漢器，余以字體審之，或為新莽時之作品。蓋余曾見有漢代年號之弩機甚夥，皆不類此種字體也。辛卯嘉平之月，仲坰道長兄出眎此拓，溡記數語，乞審定見教。持默老人王福厂"並印"麋研齋""福厂七十後所書""持默老人"。一歙縣黃氏濱虹草堂題記"漢左澂二字弩鐖，《長安獲古編》著錄，劉燕庭所撰一金一石，皆有識跋。原書四本，失於澄懷園。金甫刻圖，而燕庭殁書板，為徐氏所得。印行後，旋歸福山王廉生及丹徒劉鋡雲，銅梁王孝禹補書標題，而原有識跋不復睹，惜哉。漢器例多官名人名，此左澂者，猶兵器之岩。買之用戈岩，即左字，買為人名。請仲坰先生有以教之，己丑八十六叟賓虹"並印"黃賓虹印"。一揚州秦氏嬰闇題記"燕庭藏弩鐖凡二，一書言府；一左澂，並載《長安獲古編》。廿年前書言府出於揚州市上，為吳烋屋所得，日人入寇，秋［烋］屋埋置土中，攜家至滬，未幾病沒，其器遂不可踪跡。今惟存一黃楊匣於其家耳。此器亦出揚市，歸之蔣柏梁，器匣完具。仲坰索得此拓攜以見示，竊歎柏梁古緣非淺，抑又念書言府之湮沒，為可惜也。己丑仲冬嬰闇居士秦更年"並印"嬰闇""秦曼青"。拓本鈐印"巢居藏古""曾三手拓""仲坰得來""師李齋藏""施舍金石""吳興施舍所得古金石專瓦文"。

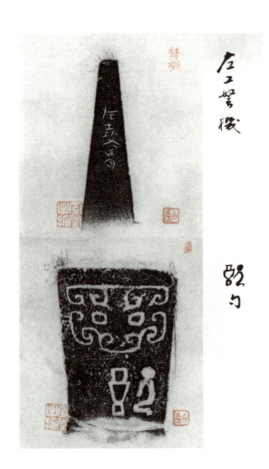

左工弩機

别附一品,皆上虞羅叔藴宸翰樓傳拓本,茲二紙合輯一頁。另紙題記"左工弩機""□勺"。上品拓本印記"弩機",下品拓本印記"量",二品拓本羅氏皆鈐印"伯□""雪堂手拓"。

左關之鐛

濰縣陳介祺簠齋傳拓本。先生另紙小識"左關之鐛　陳簠齋藏膠西三器之一"。拓本陳氏鈐印"簠齋藏三代器""海濱病史"。

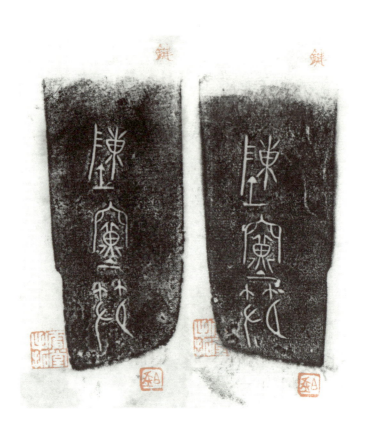

陳鍵

　　上虞羅叔藴宸翰樓傳拓本，器銘正背分拓二紙。拓本二紙印記"鍵"，另紙先生小識"陳鍵　羅振玉藏"，又小識"《說文古籀補》誤題作'陳□□戈'，蓋未見此器也"。拓本二紙羅氏皆鈐印"伯□""雪堂手拓"。

瑽鏄

上虞羅叔藴宸翰樓傳拓本。拓本印記"斧",先生另紙小識"瑽鏄"。拓本羅氏鈐印"伯□""雪堂珍祕"。

樊君鬲

上虞羅叔蘊宸翰樓傳拓本,拓本印記"鬲",另紙題記"樊君鬲"。拓本鈐印"雪堂珍祕""伯□",先生鈐印"施舍所得"。

周鋗

秀水張氏銀藤花館題簽本。拓本張子祥題簽"周鋗　丙辰夏至日，子祥張熊題"並印"子羊"。拓本鈐印"約軒所藏金石"，先生鈐印"施舍所得"。

元罕紋飾

南潯吳氏啓周傳拓本，元罕紋飾一紙。拓本吳氏題記"丙子巧月，元罕花文，此罕身高"。此本無鈐印。

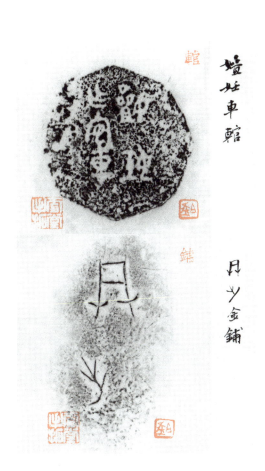

嬛妊車軑

别附一品。上虞羅叔蘊宸翰樓傳拓本，二紙合輯一頁，另紙題記"嬛妊車軑 月ツ金鋪"。上品拓本印記"軑"，下品拓本印記"鋪"，二品拓本羅氏皆鈐印"伯□""雪堂手拓"。

呂大叔斧

古器一品，吳縣潘氏攀古樓傳拓本。拓本另紙先生小識"呂大叔斧，潘鄭盦藏"。拓本無鈐印。

緻窓君鉼

潍縣陳介祺簠齋傳拓本。拓本另紙先生小識"緻窓君鉼　簠齋"。拓本陳氏鈐印"文字之福""齊東陶父"。

東周左師壺

東周壺銘,分拓五紙,廬江劉晦之善齋傳拓本。拓本另紙先生小識"東周左師壺 劉晦之善齋藏方壺二,一完一殘,拓五紙"。拓本無鈐印。

孟嘗君車杠

車杠款銘，分拓二紙。拓本另紙先生題記"孟嘗君車杠"。拓本一紙鈐印"蟄存"，一紙鈐印"舍之審定"。

娱器篇

北山楼金石遗迹

一四四

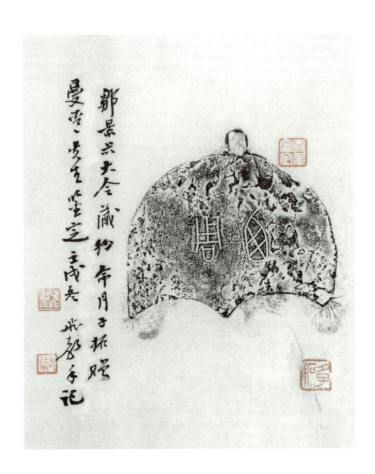

泉權

杭州鄒景叔四王鉢齋傳拓本，揚州秦氏嬰闇藏本。拓本番禺潘蘭史題跋"鄒景叔大令藏物命月子拓贈曼青先生鑒定。壬戌冬，飛聲手記"並印"飛聲""老蘭"。拓本另紙先生小識"西周大泉，或曰泉權，見《周金文存》"。拓本鈐印"月子拓"，秦氏鈐印"曼青審定"。

秦量

秦量精拓一紙，利津李竹朋石泉書屋傳拓本。拓本李氏題記"秦量"。拓本李氏鈐印"竹朋所得金石"，先生鈐印"舍之珍藏"。

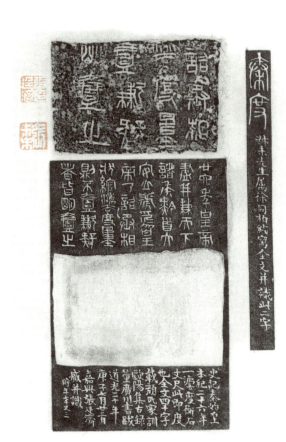

秦度

銅板殘刻一紙，嘉興張叔未清儀閣傳拓本。拓本張氏鈐印"張廷濟印""張叔未"，先生鈐印"施舍所得"。別附一紙，為合拓張氏清儀閣製作所藏檀木板全形，銅版殘刻嵌於中端，上端摹刻詔文，下端為張氏題跋，匣蓋徐同柏題刻"秦度"並題記。先生嘗作題跋，《秦度》記云"張定為'秦度'，《愙齋集古錄》題作'秦詔殘版'。然以其所存字補足全文驗之，則為長方形，恐猶是矩之屬，非度也"。（見《北山談藝錄》）

秦詔版

秀水金傳聲藏本，拓本金氏題記"秦詔版"。拓本金氏鈐印"蘭坡所藏"，先生鈐印"施舍所得"。先生嘗作詩詠之，記云"世傳秦詔版多矣，其刻畫製作愈工者，皆偽也。余得拓本十許紙，惟清儀閣秦度殘片，及金蘭坡藏二世詔版，可信為咸京遺物"。（見《金石百詠》）

秦銅詔版

有二品,茲錄其一。東武劉喜海嘉陰簃傳拓本,劉氏題款輿詔版並列合拓一紙,後裁分二紙裝冊。拓本無鈐印。

秦始皇詔木量銅版

潍縣陳介祺簠齋傳拓本。拓本另紙先生小識"秦始皇詔木量銅版簠齋"。拓本陳氏鈐印"集秦斯之大觀""秦鐵權齋"。

秦兩詔權

杭州鄒景叔四王鉢齋傳拓本。拓本鄒氏題記"秦兩詔權 己未十二月初九得,精美與小量垺""此權與常式不同"。拓本先生鈐印"施舍金石"。

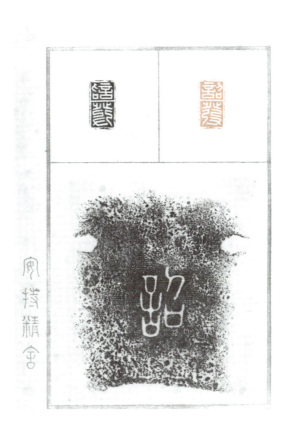

秦詔製銅器銘

　　拓本一紙，器銘文曰"詔"，先生粘貼"安持精舍"印稿框欄下端，另紙先生小識"下　秦詔製銅器銘"。印稿框欄上端秦印一方，為平湖陳氏安持精舍傳拓鈐本，右框鈐印，印文曰"詔發"，左框墨拓印面，反文，另紙先生小識"上　秦詔發印"。先生嘗作題跋，《秦詔作器銘》記云"此器亦奉詔所製，故鑄'詔'字以別於諸市器。惜未拓全形，不知是何器也""秦印有'詔發'，施於奉詔頒發文書之泥封"。（見《北山談藝錄》）

環款

吳興周湘舲夢坡室傳拓本，款銘文曰"廿有六年詔定　卅一"。拓本周氏鈐印"夢坡祕玩"，別有一印"陳進宧印"，先生鈐印"舍之長物"。按：此本輯入，名目待攷，蓋民國時期好古文人喜愛賞玩拓片，然亦有疑者。此雖為環形物，何器不詳，抑或銅環玉環，不明矣。暫且擬目"環款"代之。

秦扁壺

南潯吳氏啓周傳拓本。拓本吳氏題記"秦扁壺，通高拾二英寸有四分正，重天平七斤拾二兩正，前後身厚三英寸有四分正，口方元四寸半，坐寬六寸六分正，坐厚三寸六分正"。拓本先生鈐印"蟄庵經眼"，別有鈐印"沈氏建中吉金""謙約齋"。

娱器篇 / 北山楼金石遗迹 / 一五四

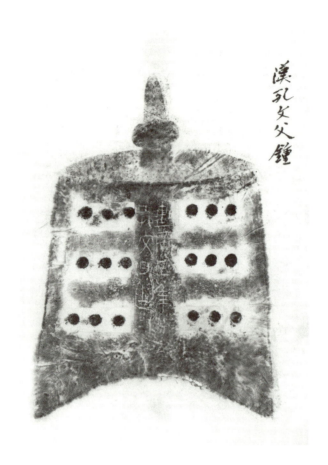

孔文父鐘

漢鐘全形拓本一紙，款識二行，銘曰"建安三年，孔文父作"。拓本舊藏者題記"漢孔文父鐘"。拓本無鈐印。

扶疾鐘

濰縣陳介祺簠齋傳拓本,分拓三紙。拓本先生另紙題記"扶疾鐘,共三紙,簠齋藏器"並印"蟄存"。

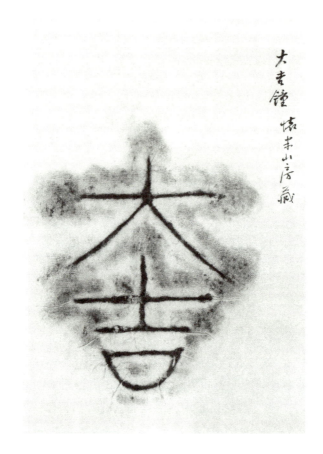

大吉鐘銘

器銘"大吉",蘇州曹載奎懷米山房傳拓本。拓本舊藏者另紙題記"大吉鐘 懷米山房藏"。拓本先生鈐印"舍之攷古"。

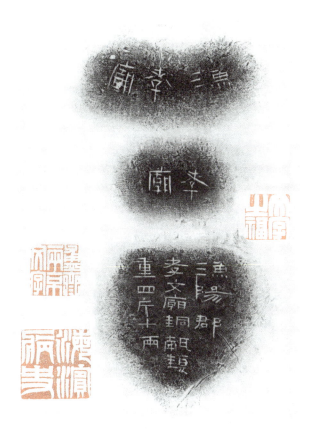

漁陽郡孝文廟二器

濰縣陳介祺簠齋傳拓本，二器銘合拓一紙。拓本另紙先生小識"漁陽郡孝文廟二器　簠齋。上鱋銘，下鍑銘"。拓本陳氏鈐印"文字之福""簠齋兩京文字""海濱病史"。

寿成室銅鼎

溧陽端午橋陶齋傳拓本，開封李白鳳蟬盦藏本，款銘分拓二紙，一文曰"寿成第廿至卅"，一文曰"寿成室銅鼎，容一斗二升，並重十二斤六兩。元延二年，少府真為内者造，守嗇夫福椽建令相省"。拓本另紙先生小識"寿成室鼎　端匋齋藏"。拓本李氏鈐印"李逢審定"。

盠匜鼎款

　　此鼎銘記墨拓，為趙重氏藏本，款銘三段合輯一紙。拓本另紙先生小識"盠匜鼎"，拓本趙氏鈐印"趙重"。

美陽高泉宮共厨鼎

　　福山王懿榮天壤閣傳拓本，拓本王氏題記"鼎"，器銘文曰"美陽高泉宮共厨銅一斗三升，鼎蓋重二斤五兩。名吉"。拓本另紙先生小識"美陽高泉宮共厨鼎　簠齋藏一器，銘十五字，與此不同"。拓本王氏鈐印"廉生得來"，先生鈐印"舍之珍藏""舍之攷古"。

承安宮銅鼎款

歸安陸仲敏竺齋傳拓本,分拓二紙,拓本另紙先生小識"承安宮鼎 阮識 [阮元《積古齋鐘鼎彝器款識》] 九"。拓本二紙皆鈐印"竺齋手拓",先生亦鈐"舍之珎藏""舍之攷古"。先生嘗作題跋,《漢承安宮銅鼎》記曰"篆書方整瘦勁,凡三十一字""'阮氏積古齋款識'據陳秋堂拓本著錄,釋文誤'一升'為'一斤'"。(見《北山集古錄》)

龍淵宮銅鐙

揚州吳載龢師李齋藏本。銅鐙款識篆字，云"龍淵宮銅鐙重一斤五兩，元朔二年工禹造"。拓本鈐印"中珺心賞"等。先生嘗作題跋，《漢龍淵宮銅鐙》記云"可知龍淵宮即龍淵廟也""此鐙造於元朔二年，在起建廟宮之後五年，殆宮既落成，遂置服御器用"。(見《北山集古錄》)

五鳳官造權

漢權款銘墨拓一紙，拓本另紙先生小識"漢五鳳三年官造權款"，並附漢權繪形一紙。拓本先生鈐印"施舍所得"。

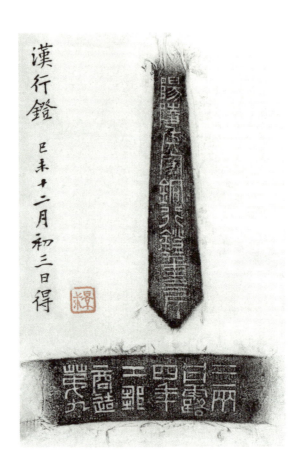

陽陵矦家銅行鐙

杭州鄒景叔四王鉢齋傳拓本。銅行鐙款識，篆字文曰"陽陵矦家銅行鐙重二斤二兩，甘露四年工鄒商造第九"。拓本鄒氏題記"漢行鐙　巳[己]未十二月初三日得"並印"景朱"，先生鈐印"施舍金石"。

安平矦銅壺銘

銅壺款識，篆文二行，曰"安平家銅壺重八斤"。拓本先生小識"漢安平矦家銅壺銘"，又鈐印"舍之攷古"。先生嘗作題跋，無相庵箋紙記曰"《漢書·功臣表》有安平敬矦鄂秋，以舉蕭何功封矦""西漢安平矦有二家，此器似西漢早年物，當為鄂家壺也"。

陽泉使者舍薰盧

　　濰縣陳介祺簠齋傳拓本。拓本另紙先生小識"陽泉使者舍薰盧，簠齋"。拓本陳氏鈐印"文字之福""簠齋兩京文字"。

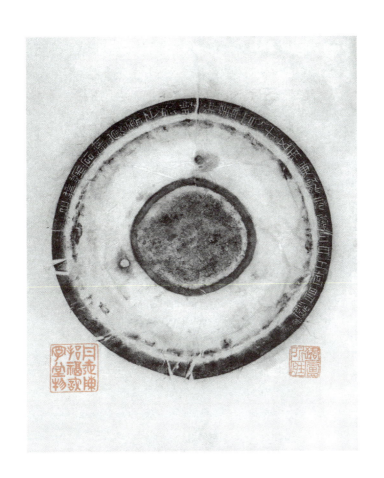

上林榮宮銅薰盧

杭州鄒景叔四王鉢齋、丹徒陳氏識字堂遞藏本。薰爐款識"上林榮宮銅薰盧，下有槃，並重一斤十五兩，黃龍元年二月，工定昌造"。拓本鈐印"適廬所藏""丹徒陳招福識字堂物"，先生鈐印"施舍金石"。先生嘗作題跋，《漢上林榮宮銅薰盧》記云"漢上林苑中離宮別館，史不盡載，榮宮之名，惟見於遺器"。（見《北山集古録》）

虹燭錠

拓本舊藏者題記"漢銅虹燭錠"。拓本先生鈐印"舍之珍藏""舍之攷古"。按：明楊慎《升庵詩話·銅虹曉虹》："器物疑識有王氏銅虹燭錠。虹與釭同，如漢賦'金釭銜璧'，唐詩'銀釭斜背解明璫'之類也。"

新莽權鐵圈

吳興周湘舲夢坡室傳拓本。拓本另紙舊藏者題記"漢新莽權鐵圈，夢坡室藏器"。拓本先生鈐印"施舍所得"。

新莽銅璧

此本新莽銅璧,墨拓本一紙,款銘曰"天鳳元年八月十五日左尚方作寳璧,張洪造"。拓本無鈐印。

軹家罐

古器軹家銅罐,款銘墨拓一紙,開封李白鳳蟬盦藏本。拓本另紙先生小識"軹家罐,《金石索》有軹家釜、甑"。拓本李氏鈐印"李逢審定"。

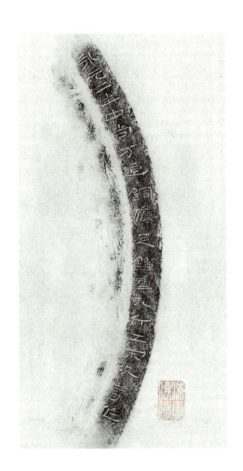

永元二年雁足鐙

同里仲虎騰海雲僊館藏本，僅拓鐙款，銘云"永元二年中尚方造銅雁足鐙，重九斤，工宋次等作"，阮元《積古齋鐘鼎彝器款識》著錄。拓本另紙先生小識"漢永元二年雁足鐙款"，拓本鈐印"海雲僊館"，先生鈐印"施舍所得"。先生嘗作題跋，《漢永元雁足鐙》記云"'永元'乃後漢和帝年號，在建昭、竟寧二鐙後一百二十餘年""字更草率，亦可見制度之不如西京遠矣"。（見《北山集古錄》）

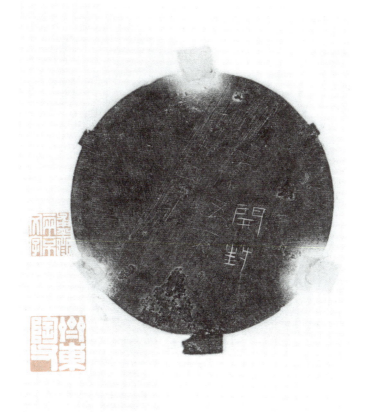

開封行鐙

潍縣陳介祺簠齋傳拓本。拓本另紙先生小識"開封行鐙　簠齋"。拓本陳氏鈐印"簠齋兩京文字""齊東陶父"。

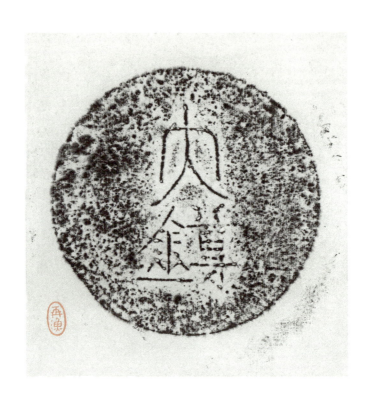

鐏款

古器鐏款墨拓一紙,鐏款識曰"大鐏",拓本舊藏者鈐印"再漁",先生鈐印"舍之審定"。

淮一農器

揚州王鈍泉閔日非盦傳拓本。銅斧全形精拓一紙，款銘"淮一"，拓本先生小識"淮一農器"。拓本鈐印"鈍泉手拓""閔日非盦長物"，先生鈐印"施舍所得"。

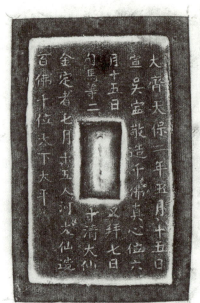
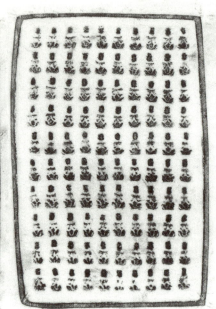

天保二年百佛銅牌

北齊天保二年造百佛銅牌，牌正背分拓二紙，牌背造像題記"大齊天保二年五月十五日宣吳宓敬造千佛真心位六月十五日又拜七日司馬等二十清大仙金定者七月十五人河大仙造百佛千位天下太平"。拓本二紙先生皆鈐印"施舍金石"。

劉顯振造銅鈴

仁和黃易小蓬萊閣藏器傳拓本，拓本另紙先生小識"隋大業二年三月廿八日，劉顯振造銅鈴，黃小松藏。見'清儀閣所藏金石文字'"。

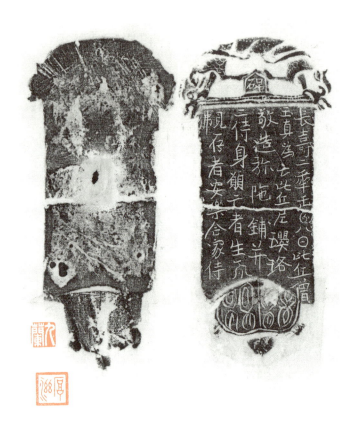

玉真造小銅像碑

濰縣陳氏厚滋傳拓本，唐長壽二年比丘僧玉真造彌陀小銅像，為碑形，上有額，額中"碑"字，下飾龜趺座。像碑正背分拓二紙。拓本陳氏鈐印"九蘭""厚滋"，先生鈐印"舍之審定"。

天寶五載造小銅像碑

濰縣陳介祺簠齋傳拓本，並附題刻"唐造象功德碑 佛"，像碑正碑背及題刻合拓一紙。唐天寶五載五月二十日佛弟子造阿彌陀小銅像，為碑形，額正中"大唐"二字，下雕有龜趺座。拓本陳氏鈐印"簠齋清供""簠齋藏古""萬印樓"。

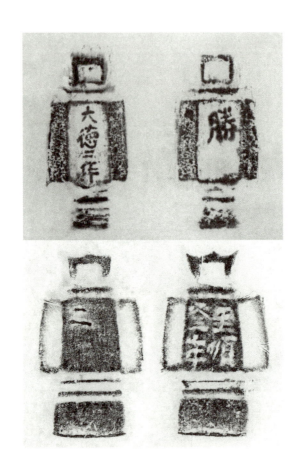

元權兩器

一為大德權正背合拓一紙，拓本先生鈐印"施舍金石"。一為至順權正背分拓二紙，拓本先生亦鈐印"施舍金石"。

元和四年堂狼造洗款

閩縣陳承修猗文閣傳拓本,拓本另紙先生小識"元和四年堂狼造洗,猗文閣藏器"。拓本先生鈐印"舍之審定"。

永建四年朱梲素洗

杭州鄒景叔四王鉢齋、丹徒陳墨遂遞藏本。銅洗器與款分拓二紙,款曰"永建四年朱梲造",拓本先生小識"永建四年朱梲造洗"。拓本二紙先生分别鈐印"吳興施舍攷藏""舍之吉金"。先生嘗作題跋,《漢朱梲洗》記云"蓋漢以來,久已誤'梲'為'提'"。(見《北山集古録》)

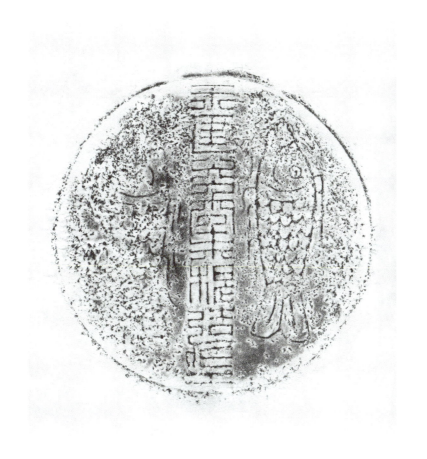

永建六年朱梋造作洗

銅洗墨拓一紙,銘款曰"永建六年朱梋造作",拓本另紙先生小識"漢洗"。拓本先生鈐印"吳興施舍所得古金石專瓦文"。

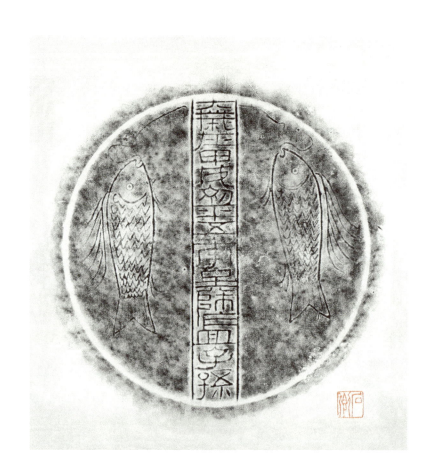

初平五年宜子孫洗

商城楊鐸函青閣傳拓本，銅洗款曰"太歲在甲戌初平五年吳師作宜子孫"，阮元《積古齋鐘鼎彝器款識》著錄。拓本另紙先生小識"洗"。拓本先生鈐印"吳興施舍攷藏"。先生嘗作題跋，《初平雙魚洗》記云"初平盡於四年，甲戌改元興平，此猶稱初平五年者，遠方未知改元，故仍用舊號也"。（見《北山談藝錄續編》）

光和四年雙鷺洗

吳興周湘舲夢坡室傳拓本，款識"光和四年丙五"。拓本另紙先生小識"光和四年洗，周氏夢坡室藏器，'年'下釋作'丙午'，是年非'丙午'，恐未可從"。拓本先生鈐印"舍之吉金"。先生嘗作題跋，《漢光和洗》記云"周氏釋作'丙午'，然實非'午'字，乃似'五'之反文。光和四年，歲次辛酉，此'丙午'者，謂五月丙午日。漢人鑄銅器，多用五月丙午日，取干支皆屬火。以'丙五'為'丙午'者，光和四年五月壬辰朔，丙午適為十五日"。（見《北山集古錄》）

大吉昌洗

漢陽葉東卿平安館傳拓本,宜都楊星吾飛青閣藏本,銅洗款曰"大吉昌"。拓本葉氏鈐印"平安館印",楊氏鈐印"楊守敬攷定吉金之印"。

董是洗

銅洗款曰"董是器"。拓本先生鈐印"吳興施舍所得古金石專瓦文"。先生嘗作題跋,《漢董是洗》記云"'是'即'氏'。阮氏《積古齋鐘鼎[彝器]款識》著錄誤作'董昌洗'""此本羊形甚清晰,其繪羊頸長毛屈曲之勢,成'大吉'二字,蓋寓大吉羊之義。此二字為圖像,亦為文字,阮氏失錄,未能辨也"。(見《北山集古錄》)

吉羊洗

秀水金蘭坡藏本,銅洗款曰"吉羊",拓本先生題記"吉羊洗"。拓本鈐印"金傳聲",先生鈐印"施舍所得"。

君宜子孫洗

揚州阮雲台積古齋傳拓本,銅洗款曰"君宜子孫",拓本先生題記"洗"。拓本鈐印"阮氏家廟藏器""恩高所拓金石",先生鈐印"施舍所得"。先生嘗作題跋,《君宜子孫洗》記云"《積古齋鐘鼎彝器款識》未及入錄著錄"。(見《北山談藝錄續編》)

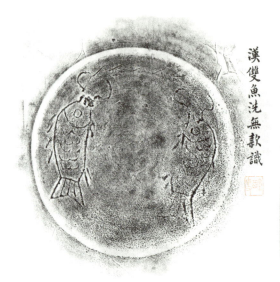

雙魚洗

　　選輯三品，皆為左右兩側雙魚紋圖案，均無款銘，形製素樸。一紙拓本題記"漢雙魚洗無款識"並印"醒叟"，拓本先生鈐印"施舍金石"。一紙拓本先生小識"雙魚洗"，拓本先生鈐印"舍之吉金"。一紙拓本先生鈐印"無相庵""施舍之印"。

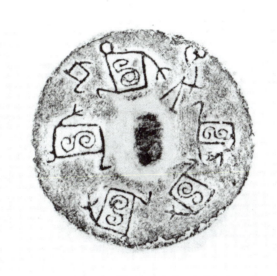

秦小鏡

項城袁抱存傳拓本,平湖陳氏安持精舍藏本。拓本另紙先生小識"秦小鏡",別附一紙先生圓珠筆小識"袁寒雲藏,商敬行鏡"。拓本先生鈐印"舍之審定"。

蔡氏尊官樂舞鏡

川沙沈均初漢石經室藏本。漢鏡銘文曰"蔡氏作竟自有意，良時日眾大富，七子九孫各有喜，宦至三公中尚侍，上有東王父西王母，與天相保兮"。拓本沈氏鈐印"沈樹鏞印"，別有一印"何氏珍藏"，先生鈐印"施舍所得"。先生另紙小識"凡四十字，字與畫並精絕，羅氏鏡銘集錄[羅振玉《漢兩京以來鏡銘集錄》]有此文，'日'字下釋作'家'字，今觀此本，知其誤矣"，又嘗作題跋《蔡氏鏡》。(見《北山集古錄》)

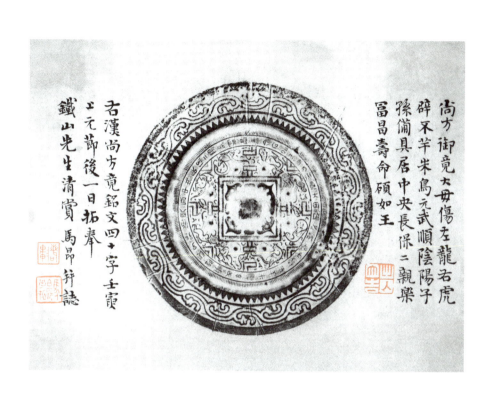

尚方御鏡

雲間馬伯昂若軒傳拓本，華亭許威子重舊藏。拓本馬氏鏡銘釋文"尚方御竟大毋傷，左龍右虎辟不羊，朱鳥元武順陰陽，子孫備具居中央，長保二親樂富昌，壽命碩如王"，又題記"右漢尚方竟銘文四十字，壬寅上元節後一日，拓奉鐵山先生清賞，馬昂並誌"。拓本鈐印"土人大吉""若軒""馬伯昂手拓"，先生鈐印"舍之長物"。先生嘗作題跋《尚方鏡》。(見《北山集古錄》)

尚方作佳鏡

桂山傳拓本。漢鏡銘云"作佳鏡，囗真大好，上有仙人不知老，渴飲飢食"。拓本先生另紙小識，有曰"'飢'字作'礼'，他鏡所未見；'好'字作'孜'，則屢見之"。拓本鈐印"桂山手拓"，先生鈐印"施舍所得"。

青蓋花紋鏡

桂山藏本。拓本鈐印"桂山",先生鈐印"施舍金石"。拓本先生另紙小識"羅叔言《鏡話》云'漢鏡銘有稱青蓋作鏡者,語殊不可曉。又見花紋中著青蓋二字者,義亦不可解'",又嘗作題跋,《青蓋鏡》記云"所謂花紋中著'青蓋'二字者,余亦得一小鏡拓本,疑'青蓋'是善銅名。謂此鏡用'青蓋'之銅爾"。(見《北山集古錄》)

青蓋鏡

商城楊鐸函青閣藏本。漢鏡銘文曰"青蓋作竟四夷服，多賀國家人民息，胡虜殄滅天下復，風雨時節五穀孰，長保二親得天力‥"，拓本另紙楊氏題跋"漢青蓋鏡，攷博古圖有此鏡，惟銘文稍有不同，人民息息作安，天下復復作陽，長保二親得天力，作長孫孫朔陽天，而無力字，青上不作‥而作〇，形製亦稍有異耳"。拓本先生題記"漢青蓋鏡"。拓本楊氏鈐印"石卿"，先生鈐印"施舍所得"。先生另紙小識"銘文全，字亦致佳，允為漢鏡上品"云云，又嘗作題跋《青蓋鏡》。（見《北山集古錄》）

大山君宜鏡

江都吳秋穀、揚州吳載龢師李齋遞藏本。漢鏡銘文曰"上大山，見神人，食王央，飲澧泉，駕文龍，乘浮雲，君宜"。拓本鈐印"江都吳秋穀藏"，別有吳載龢鈐印"中珺心賞"。先生嘗作題跋，《大山鏡》記云"'王央'即'玉英'"。(見《北山集古錄》)

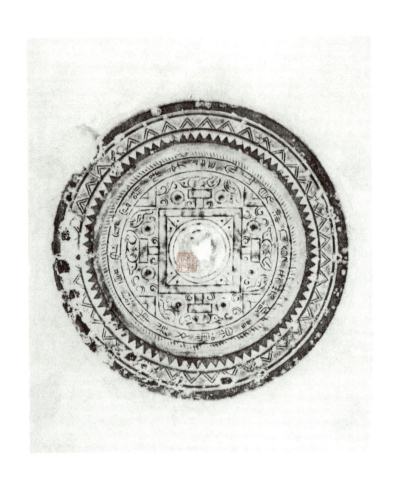

大山保子鏡

仁和魏錫曾績語堂傳拓本。漢鏡銘文曰"□大山,見神人,食玉英,飲澧泉,駕文龍,乘浮雲,君宜官秩保子"。先生另紙小識"諸大山鏡均作'上大山',獨此品'大'字上非'上'字,猶待攷辨。'子'字下缺'孫'字"云云。拓本鈐印"稼孫所拓",先生鈐印"施舍所得"。先生嘗作題跋《大山鏡·又一鏡》。(見《北山集古錄》)

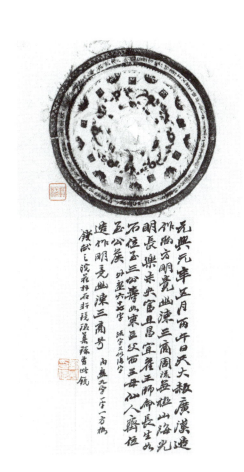

元壽鏡

　　華亭許威子重舊藏，拓本另紙許氏題識"元興元年五月丙午日，天大赦，廣漢造作尚方明竟，幽涷三商，周流無極，山海光明，長樂未央，富且昌，宜矦王，師命長生如石，位至三公，壽如東王父西王母，仙人齊位至公矦。（外盤六十七字。'流'字又似'海'字。）造作明竟，幽涷三商兮。（內盤九字，一字一方格。）錢獻之《浣花拜石軒鏡銘集錄》有此鏡"並印"許威印信"。拓本鈐印"載黼"，先生鈐印"北山樓"。先生嘗作題跋，《漢元壽鏡》記云"翁氏［翁方綱《兩漢金石記》］謂'元興元年五月無丙午，元壽元年五月八日為丙午，且諦審拓本，實為壽字，今姑從之'""'涷'與'煉'通，'幽涷'，猶言秘法煉冶。此鏡乃廣漢工師依尚方鏡式造作，尚方明鏡，猶言京樣明鏡也"。（見《北山集古錄》）

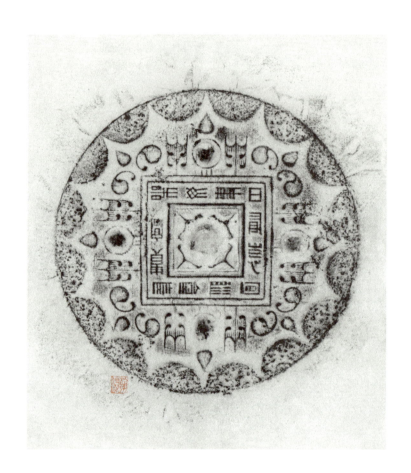

日有熹鏡

　　漢鏡銘，回環文曰"日有熹，宜酒食，長貴富，樂毋事"。拓本鈐印"翰僊"，先生鈐印"施舍金石"。先生嘗作題跋，《日有熹鏡》記云"此鏡銘乃漢人頌禱常語，多見於匋壺酒器。今用以銘鏡，其實與鏡了無關涉"。(見《北山集古錄》)

昭明鏡

华亭許威子重傳拓本，拓本許氏題跋"錢獻之'鏡銘集錄'第三竟曰'漢精白竟'，銘內外兩層，其內層曰'內清妍以昭明，光輝卓夫日月，心忽揚而願忠，然壅塞而不施'。'壅'字篆體，審係'壅'字反文，錢釋訛為'壁'。此竟文曰'內清凱昭明一日月，心忽矢忠，然口〔壅〕塞而不施〔泄〕'。銘文苟簡，工人取他鏡文字，承意為之，然水銀古澤，製作精整，漢物無疑也。金婁朱寶珊攜示，以兩銀餅得之。乙亥三月初八"並印"許威之印"。拓本鈐印"許""子重所藏"，先生鈐印"施舍金石"。

重圈銘文鏡

揚州吳載龢師李齋藏本。此鏡重圈兩環銘文，外圈銘曰"內清質以昭明，光輝象夫日月，心忽揚而願忠，然壅塞而不泄"，內圈銘曰"見日之光，長毋相忘"。拓本鈐印"西則登華"，吳氏鈐印"吳載龢印""中珺心賞"。

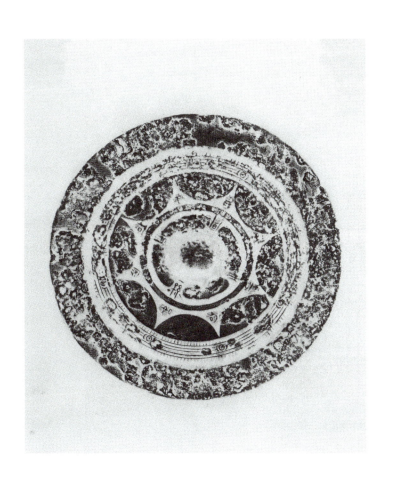

壽如金石鏡

吳興周湘舲夢坡室傳拓本。拓本另紙先生小識"周氏夢坡室所藏，字跡漫滅，僅五字可識。《石廬藏竟目》[閩侯林鈞輯]著錄一品，外周文曰'壽如金石佳且好兮'，內周云'長宜子孫'，似與此品同"。拓本先生鈐印"施舍所得"。

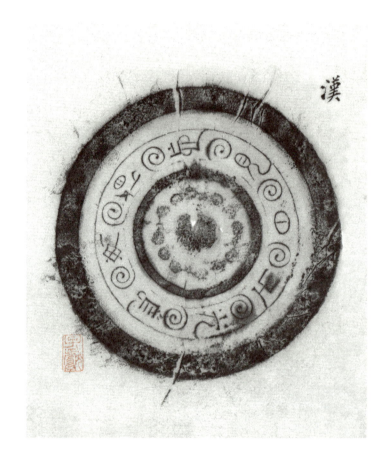

長毋相忘鏡

會稽王止軒五雲堂藏本,拓本王氏題記"漢",鏡銘文曰"見日之光,長毋相忘"。拓本王氏鈐印"子獻",先生鈐印"舍之珍藏"。

永平四靈小鏡

　　揚州秦氏嬰闇藏本。鏡徑五厘米二，內區飾青龍、白虎、朱雀、玄武四靈，外區銘曰"吾作明竟，研金三商，萬世不敗。朱鳥玄武，白虎青龍，長樂未央，君宜矦王。永平元年造"。拓本秦氏鈐印"秦曼青"。先生嘗作題跋，《永平小鏡》記云"漢鏡之至小者""'萬世不敗'用於鏡銘，亦少見。疑此是明器，故有此語，且形製甚微，生人豈堪持照耶"。（見《北山集古錄》）按：此品後見《故宮藏鏡》著錄年代為"西晉"。

見日之光鏡

鏡銘回環文曰"見日之光，天下大明"。拓本題記"甲戌九秋得於許氏，程文麗寰審為六朝物，釋曰'見日之光，天下大明'，紅綠參錯，可寶也。壺史記"。拓本鈐印"桂山"，先生鈐印"施舍金石"。

生肖四神規矩鏡

開封李白鳳蟬盦傳拓本。此鏡內圈銘曰"武德五年歲次壬午八月十五日甲子,揚州總管府造青銅鏡一面,充癸未年元正朝貢,其銘曰,上元啓祚,靈鑒飛天,一登仁壽,于萬斯年"。拓本另紙李氏題記"武惠五年四靈鏡",拓本鈐印"李逢手拓""希品"。

攖寧鏡

　　有二品,茲録其一。會稽王止軒五雲堂藏本,拓本先生題記"唐攖寧鏡",拓本王氏鈐印"子獻",先生鈐印"舍之珍藏"。按:別一品商城楊鐸函青閣傳拓本,拓本題記"元卿鏡",拓本楊氏鈐印"石卿所拓金石",先生鈐印"吳興施舍攷藏"。先生嘗作題跋,《玄卿鏡》記云"今仍定作唐鏡,殆貞元元和間造作"。(見《北山集古録》)

潭州月樣鏡

會稽王止軒五雲堂藏本，拓本另紙題記"唐鏡"，鏡內盤花葉欄線內銘文曰"月樣團圓水漾清，好將香閣伴閑身。青鸞不用羞孤影，開匣當如見故人"。拓本王氏鈐印"子獻"，先生鈐印"舍之珍藏"。先生嘗作題跋，《月樣鏡》記云"闌線外有'王古庄'三字，殊稚拙""此非唐鏡款式，當在宋元時"。（見《北山集古錄》）

天馬雙鳳鏡

素緣銅鏡墨拓一紙,商城楊鐸函青閣傳拓本。拓本楊氏鈐印"石卿所拓金石",先生鈐印"吳興施舍攷藏"。

清素鏡

　　硃拓本,鏡外區銘曰"清素傳家,永用寶鑒",內區銘曰"福壽家安"。拓本舊藏者題記"清素鏡"。先生另紙小識"《金石索》[馮雲鵬、馮雲鵷同輯]以為金元之間所製,吳[樹聲]氏《鼎堂金石錄》以'素''永'二字,不合篆體,形製簡古,篆文渾厚,定為北朝物。此論殆不可信,仍當以金元所製為近是。《石廬藏竟目》[閩侯林鈞輯]逕以為金製"。拓本先生鈐印"舍之長物"。先生嘗作題跋《清素鏡》。(見《北山談藝錄續編》)

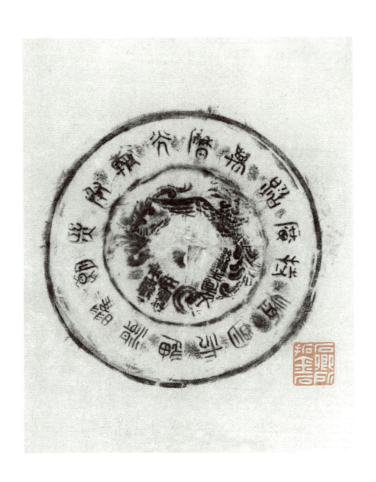

孿生回文鏡

商城楊鐸函青閣傳拓本。拓本先生題記"元孿生回文鏡"。拓本楊氏鈐印"石卿所拓金石",先生鈐印"施舍金石"。

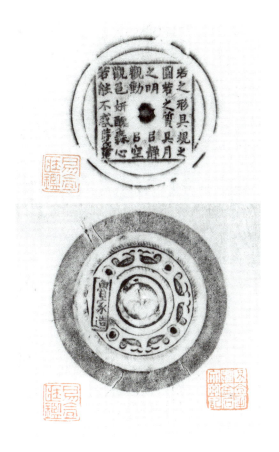

薛茂松造鏡（外一品）

選輯二品，皆為揚州蔡鍾濟易盦傳拓本。薛茂松造鏡，拓本鈐印"易盦藏鑑"。外一品魯家造鏡，拓本鈐印"易盦藏鑑""易盦手拓金石文字記"，先生鈐印"施舍金石"。

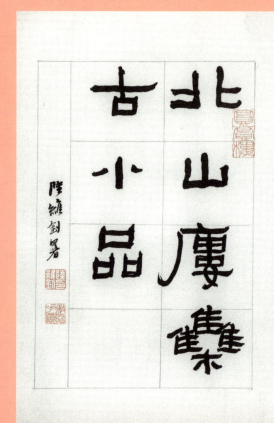

輯三 歡石篇

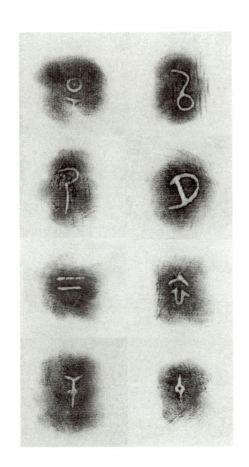

古匋銘

八品合輯一頁，拓本題記"古匋銘"。先生嘗作題跋，《古匋文》記云"登者，豆之屬，今謂之高腳盞，平民所用食器也。銘文在底，似用木鉢搽印，如秦之匋量，而文字尤古，多不可識，大約為匋師或器主名字。其時代當在戰國早期"。（見《北山集古錄》）

匋銘兩品

古匋文二品。上品古匋文曰"甘齊陳國南左里伯亳壺",拓本舊藏者題記"古匋文";先生另紙題跋"'啟'即古'伯'字,'里伯'猶'里長'也。末一字舊無釋,余定為'壺'字。此器殆始作於'亳',故稱'亳壺'";拓本先生鈐印"舍之攷古"。下品拓本先生亦鈐"舍之攷古"。

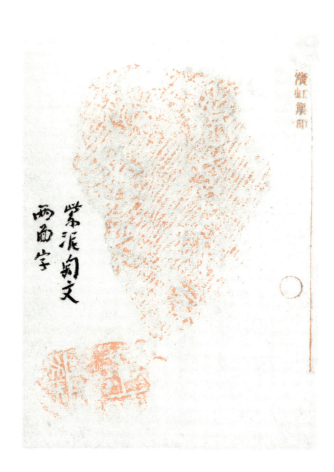

紫泥匋文

此硃墨拓本一紙,歙縣黃氏濱虹草堂傳拓本。系用"濱虹集印"印稿紙,兩面合拓一紙,拓本黃賓虹題記"紫泥匋文,兩面字"。

藥雨藏匋

定海方若舊雨樓拓本，五紙選二。拓本皆鈐印"土方之人"。先生嘗作題跋，《古匋文》記云"方藥雨所藏陶片，字較多，則器亦當大於登""可知皆匋壺殘片也"。（見《北山集古録》）

鄭韓故城殘匋

鄭州崔氏耕堂傳拓本,拓本題記"鄭韓故城出土古匋器口銘文,一九七八"。拓本先生鈐印"舍之審定"。先生一九七八年四月四日致崔耕函談及"'倉城'或者亦鄭韓故倉,此器豈內倉積粟之器耶,看陶片弧度,當可推定其是否儲粟之罌"。(見《北山致耕堂書簡》)

古匋鉢

潍縣陳介祺簠齋傳拓本，吳縣潘氏攀古樓藏本。此本為精拓全形本，蓋、器、款銘以及鈐印，原合拓一紙，後裁分五紙裝冊二頁。拓本陳氏鈐印"三代古陶軒"，潘氏鈐印"鄭盦藏古金貨""鄭盦珍賞"。

秦䣛量殘片

定海方若舊雨樓傳拓本,四紙選二。拓本先生題記"秦䣛量殘片方藥雨藏"。拓本方氏鈐印"定海方若得來"。

日暑殘石

建德周季木居貞草堂傳拓本，拓本另紙題記"秦日暑殘石，《居貞草堂漢晉石影》著錄"。拓本先生鈐印"施舍所得""施舍金石"，又嘗作題跋，《秦日暑殘石》記云"此一拳石，閱世二千二百餘年矣"。（見《北山集古錄》）

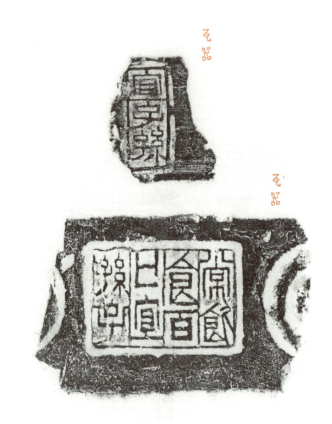

宜子孫瓦器銘

　　瓦器銘選輯二品，濰縣陳介祺簠齋傳拓本。一紙瓦器銘文曰"宜子孫"，一紙瓦器銘文曰"常飲食百口宜孫子"。拓本二紙皆鈐陳氏簠齋"瓦器"木印記。

匋倉銘

　　古匋倉銘墨拓一紙，鄭州崔氏耕堂傳拓本。拓本另紙先生題記"密縣漢墓出土匋倉銘，一九七五年"。

小陶馬

古器陶馬墨拓一品,拓本無鈐印。按:先生嘗小識"青海漢墓出土小陶馬,此墓中有小陶馬數百,表示墓主畜馬之富。青海博物館藏"。

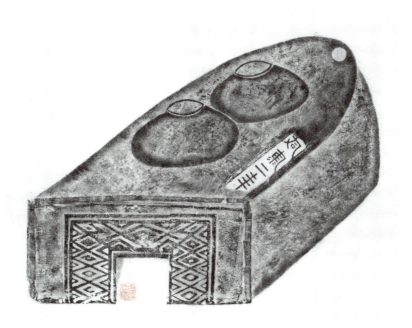

東晉瓦灶

此為西泠印社傳拓本,全形精拓一紙,瓦灶款識分書反文,曰"咸康二年"。拓本先生小識"東晉瓦灶",又鈐印"吳興施舍所得古金石專瓦文"。

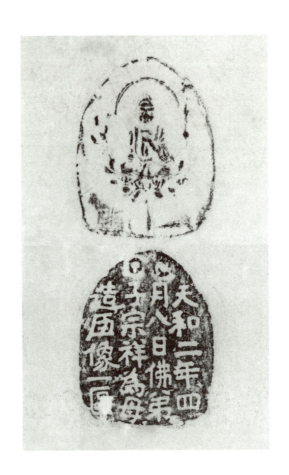

北周宗祥造像

此品造像記，文曰"天和二年四月八日佛弟子宗祥為母造□像一區"，像正與像背合拓一紙。拓本先生鈐印"舍之審定"。按：先生嘗小識"'像'上字不識，疑是'瓦'或'匋'。此殆非銅象"。

北周陳歲造泥像

利津李竹朋石泉書屋傳拓本。天和六年六月朔日佛弟子陳歲造像，佛像和造像記分拓二紙。拓本李氏題記"泥造像"。拓本一紙鈐印"竹朋所得金石"，一紙先生鈐印"舍之珍藏""舍之攷古"。

唐會昌泥造像

唐會昌六年十二月二十日李柱造泥像,弟子王吉作。像正面和造像記分拓二紙。拓本舊藏者題記"唐會昌泥造象"。拓本無鈐印。

唐善業泥像

佛像正面和造像記分拓二紙。像背造像記三行，行四字，曰"大唐善業泥，壓得真如妙色身"。拓本另紙先生小識"唐善業泥像"。拓本無鈐印。先生嘗作題跋，《唐善業泥造像》記云"佛家以營建梵宇為善業之一，塗圬所餘泥，謂之善業泥，用以模壓為佛像"。（見《北山集古錄》）

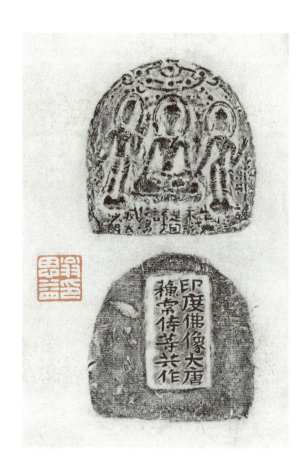

蕬常侍造印度佛像

金陵翁思益永平竟室藏本。佛像正面和像背造像記分拓二紙。造像記二行，行六字，曰"印度佛像大唐蕬常侍等共作"。拓本翁氏鈐印"翁思益印"，先生鈐印"舍之長物"。

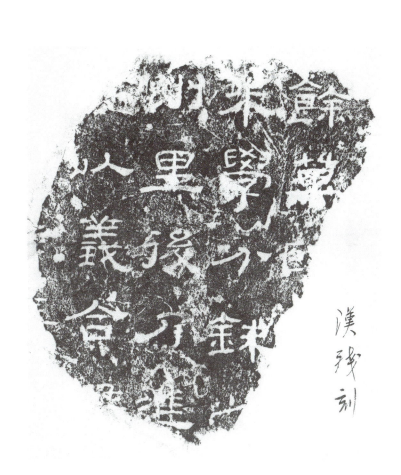

漢殘刻

永年武慕姚貞黙齋藏本，拓本武氏題記"漢殘刻"。拓本先生鈐印"吳興施舍所得古金石專瓦文"。

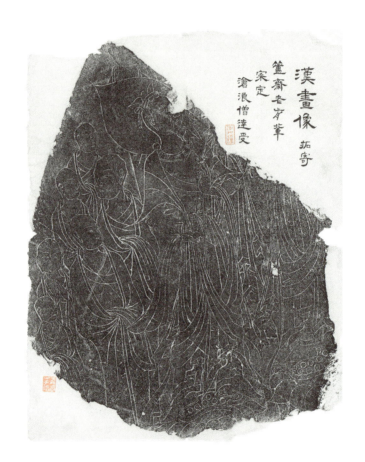

漢畫像

　　姑蘇滄浪亭釋虛山傳拓本，海昌釋達受綠天庵贈本，濰縣陳介祺簠齋藏本。拓本僧六舟題記"漢畫像，拓寄簠齋老前輩審定。滄浪僧達受"並印。拓本鈐印"方外虛山手拓"。

"擬神功凡在"殘刻

残碑一石墨拓本,僅剩十七整字,分書。拓本先生鈐印"施舍所得"。

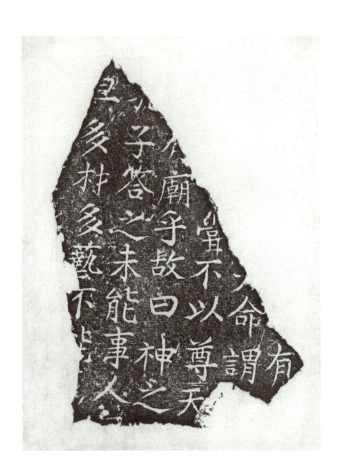

殘碑

碑刻殘石一品,尚存二十五整字,正書。拓本先生鈐印"施舍所得"。

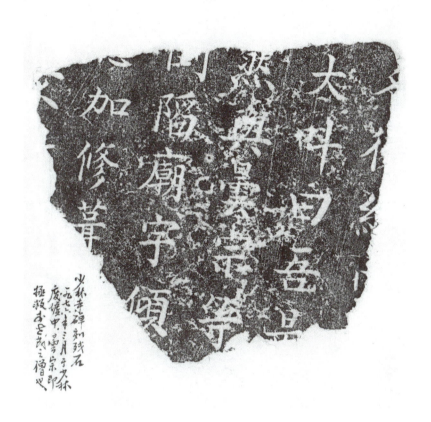

少林寺碑刻殘石

鄭州崔氏耕堂傳拓本。拓本崔氏題記"少林寺碑刻殘石 一九七六年三月於少林寺廢墟中，曇宗即拯救李世民之僧也"。拓本先生鈐印"舍之審定"。

齊字磚

潍縣陳介祺簠齋傳拓本。拓本陳氏鈐印"平生有三代文字之好""簠齋""君子專館藏專",先生鈐印"吳興施舍所得古金石專瓦文"。

長生未央磚

膠州柯氏魯學齋傳拓本,仁和黃易小蓬萊閣藏本。拓本柯氏題記"磚為長安出土,昔人著錄方瓦,或即此磚之一角耳。釭壁為飾,自是宮殿所用。小篆精妙,甚似吉語印。小松仁兄我師,深於摹印之學,拓乞審定。昌泗記"並印"燕舲登來"。拓本柯氏鈐印"魯學齋",先生鈐印"吳興施舍所得古金石專瓦文"。

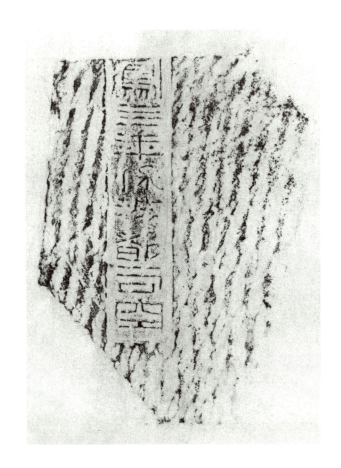

保城都司空磚

残磚拓本一紙，存篆書陽字"鳳三年保城都司空"。拓本先生鈐印"施舍金石"。先生嘗作題跋，《新莽都司空磚》記云"'鳳'字上斷缺，當補'天'字""南朝宋齊時始置保城縣，漢時未有此城，殆王莽改名"。（見《北山集古録》）

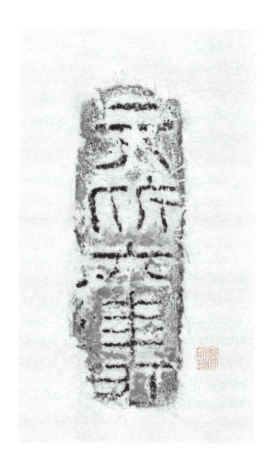

元初磚

會稽周氏鳳皇專齋傳拓本。先生另紙小識"右漢元初磚,文曰'元初六年作',反文。會稽周氏鳳皇專齋所藏,乙巳秋日,主人以此拓本見惠"。拓本周氏鈐印"起明所拓",先生鈐印"施舍所得"。

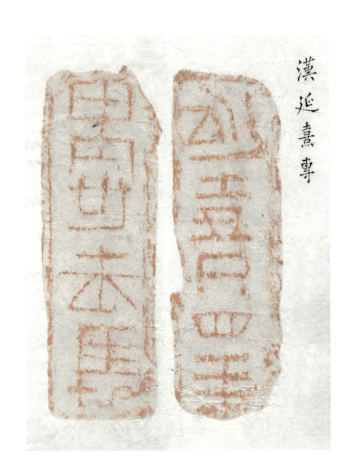

延熹殘磚

硃墨拓本二紙。拓本舊藏者題記"漢延熹專",先生另紙小識"延熹四年太歲在辛丑,此殘失五字""萬世老壽,上端;陽遂富貴,下端。千甓亭〔陸心源《千甓亭專録》〕"。拓本先生鈐印"舍之審定"。

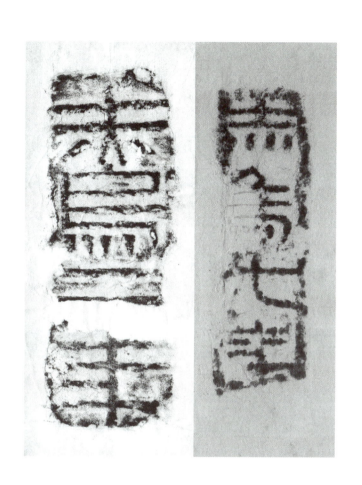

赤烏磚

選輯二品。右磚文"赤烏七年",拓本先生鈐印"施舍所得",又嘗作題跋,《赤烏磚》記云"'烏'字已殘其左耳,猶可確定。赤烏磚,趙氏訪碑錄〔趙之謙《補寰宇訪碑錄》〕著錄二年三月及六年二品,劉氏訪碑錄〔劉聲木《續補寰宇訪碑錄》〕著錄三年一品,陸氏八瓊室〔陸增祥《八瓊室金石補正》〕著錄五年、七年二品,此或即陸氏所錄者"。(見《北山集古別錄》)左磚文"赤烏二年",拓本先生鈐印"舍之長物"。

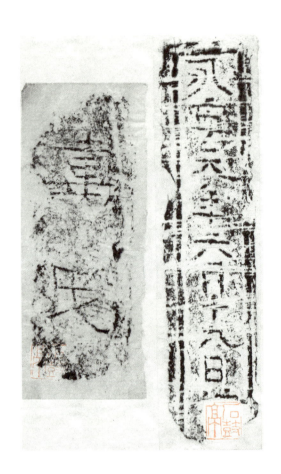

永寧磚

　　永寧磚二品，皆海鹽張燕昌芑堂傳拓本。右磚文"永寧元年六月十九日"，拓本另紙先生小識"右漢永寧元年磚，清乾隆己亥秋出海鹽海中""此殘磚張芑堂石鼓亭所蓄"，拓本鈐印"石鼓亭"，先生鈐印"施舍所得"。先生嘗作題跋《永寧元年淳于氏磚》。（見《北山談藝錄續編》）左別附一品，拓本鈐印"石鼓亭"，先生亦鈐"施舍所得"。

打虎亭漢磚

漢磚一品,鄭州崔氏耕堂傳拓本,開封李白鳳蟬盦藏本。拓本李氏題記"河南省密縣漢墓甎拱,崔耕同志拓贈。甲寅李逢"並印"老鳳"。

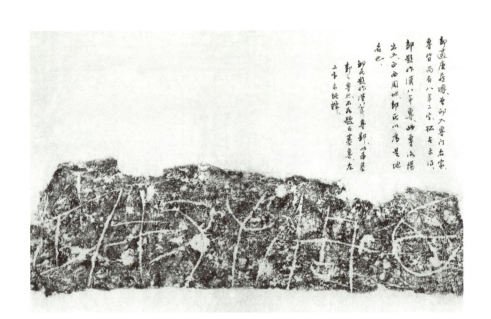

漢八年磚

杭州鄒景叔四王鉢齋傳拓本。拓本紙背題記"鄒適廬藏磚,曾印入《專門名家》,專背尚有'八年'二字,拓本未得。鄒題作'漢八年專',此專洛陽出土,正西周地,鄒氏以為是地名也""鄒氏題作'漢八年專郭',以為墓郭之專也,不如題為'墓專',左二字未能釋"。拓本先生鈐印"舍之審定"。

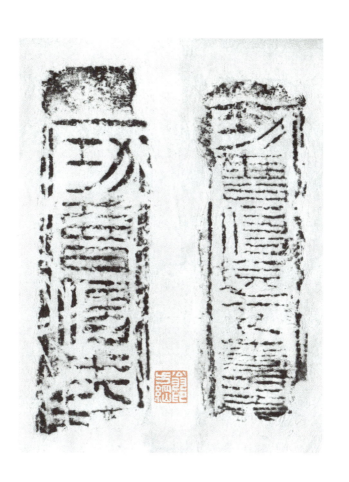

功曹磚

功曹磚款識墨拓本,選輯二品,皆大興翁覃谿蘇齋舊藏,拓本翁氏鈐印"翁方綱印",先生鈐印"施舍所得"。

南越殘磚

廣州李尹桑大同石佛龕傳拓本,揚州吳載龢師李齋藏本。拓本李氏題記"南越殘磚,年前廣州出土,文字奇古,未可遽識,拓寄仲珺賢姪審釋。己巳十一月李尹桑"並印"尹桑信鉥"。拓本李氏鈐印"鉥齋收集南越文字",吳氏鈐印"中珺心賞",先生鈐印"吳興施舍"。

永安蜀師磚

　　海鹽蔡芸林所得磚，陳克明傳拓本。此本為殘磚之上半部，蕉葉環紋，中間"蜀師"二字，左側文曰"永安三年"，右側泉紋、無字，磚上端文曰"蔡氏"。先生另紙題記"永安三年蔡氏蜀師磚，與太康三年七月廿日蜀師磚，皆海鹽所出著名之古甓，先後歸清儀閣張氏"云云。拓本陳氏鈐印"南叔氏"，先生鈐印"施舍所得"，又嘗作題跋，《永安蜀師磚》記云"太康三年磚，陳克明得之，以贈張叔未。此磚則蔡芸林所得，亦歸於清儀閣"。（見《北山集古別錄》）

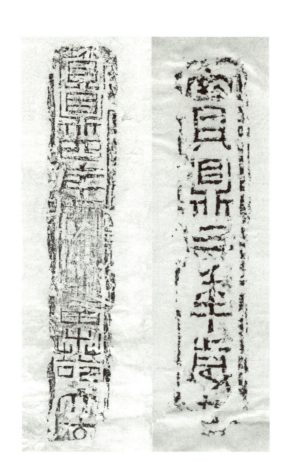

寶鼎磚

　　寶鼎磚墨拓，選輯二品。一本磚文曰"寶鼎三年歲"，先生另紙小識"寶鼎三年歲在丙子陳，見《千甓亭專録》"，拓本先生鈐印"施舍所得"。別一本"寶鼎四年"磚，拓本先生亦鈐"施舍所得"。

鳳皇三年磚

吳鳳皇磚精拓本，磚面磚背分拓二紙，磚面款識行一字四，文曰"鳳皇三年"。拓本另紙舊藏者題記"吳鳳皇專"。拓本無鈐印。

天冊元年磚

嘉興張叔未清儀閣傳拓本，磚面磚側合拓一紙。磚面為手掌印痕，磚側文曰"天冊元年"。先生另紙小識"此張叔未所寶，天冊元年手掌痕磚也，已佚"並印"舍之審定"，又題"海鹽所出，張叔未得之，以貽儀徵阮氏，遂為八磚吟館中一珍品，翁覃谿題詩有'天冊磚留黃掌痕'之語；張叔未云'指團而短，乃陶家童稚戲印'。詩家裝點無乎不可，然已未免畫無鹽矣。羅叔言云，此磚已佚，則此本乃遺蛻之幸存者，況又為眉壽老人所手拓耶，後之得者宜珍護之"。拓本鈐印"張廷濟"，先生鈐印"施舍所得"，另嘗作題跋《天冊磚》。（見《北山談藝錄續編》）

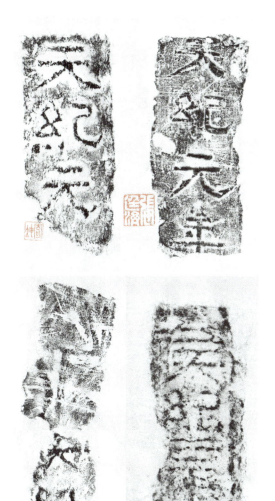

天紀磚

選輯四品。一為嘉興張叔未清儀閣拓本，磚文曰"天紀元年"，拓本鈐印"□□□齋"，先生鈐印"施舍所得"。一為海鹽錢以發藏本，磚文曰"天紀元"，拓本鈐印"寄坤"。一為王懋官藏本，磚文曰"天紀"，拓本鈐印"王懋官印"，先生鈐印"施舍所得"。一為秀水金傳聲藏本，磚文曰"天紀"，拓本鈐印"蘭坡所藏"。

歡石篇／北山樓金石遺迹

永熙磚

仁和趙寬夫傳拓本，磚文曰"永熙元年七月"，拓本硃書題記"趙寬夫坦長物"。先生另紙小識"仁和趙寬夫於皋亭山中得'太康元年、元康元年、建興三年八月、興寧元年七月、太元四年'五磚，孫氏《寰宇訪碑錄》著錄，獨未錄此品"。拓本先生鈐印"施舍所得"。先生嘗作題跋，《晉永熙磚》記云"寬夫出阮芸臺門下，詁經精舍名士也，好蒐集古磚，自號'保甓居士'，先後得磚六十三種，有號年者二十三"。（見《北山集古別錄》）

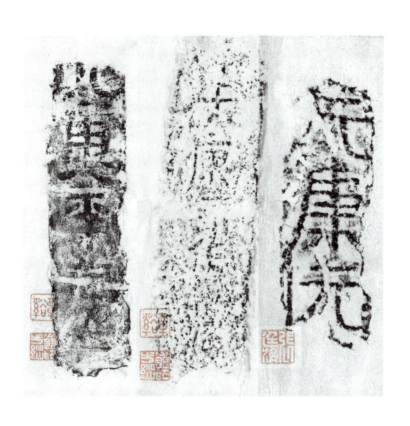

元康磚

元康磚選輯三品。一為嘉興張叔未清儀閣拓本，磚文曰"元康元"，拓本鈐印"張廷濟"，先生鈐印"施舍所得"。別二本皆為大興翁覃谿蘇齋藏本，拓本二紙各鈐印"覃谿""翁方綱印"，內一紙先生鈐印"施舍所得"。

太安磚

砆墨拓本。拓本另紙先生小識"此晉太安二年施氏墓磚之上端,磚側文曰'晉太安二年歲在癸未施氏貴'拓本未得。此磚出烏程,千甓亭[陸心源《千甓亭專錄》]著錄,'子'字作古籀書,晉磚中初見"。拓本鈐印"施舍金石""舍之審定"。

建興磚

建興磚拓,選輯二品。一為華亭許威子重傳拓本,磚文曰"建興二",拓本鈐印"子重手拓",先生鈐印"施舍所得"。一為嘉興張叔未清儀閣藏本,磚文曰"建興四年太歲",拓本鈐印"張廷濟",先生鈐印"施舍所得"。

大興三年磚

　　船山藏本，磚文曰"大興三年八月"。拓本另紙先生小識"張叔未題大興二年磚云'三十年來所見漢晉磚以百計，從無有陰款者。此則挈字於坯，然後陶冶成甎，字跡遒古渾成，畫沙印泥之妙，兼而有之。古磚中異品神品也'。此大興三年八月磚，亦陰款，可與清儀閣所得並美"。拓本鈐印"船山"，先生鈐印"施舍所得"。

太寧磚

大興翁覃谿蘇齋藏本,磚文曰"太寧"。拓本題記"太寧",拓本鈐印"翁方綱印"。右別附一品舊剪裱殘本。

咸和磚

　　海鹽陳克明傳拓本，選輯二品。一紙磚文曰"晉咸和"，拓本鈐印"陳克明印"，先生鈐印"施捨所得"。別一紙磚文曰"咸和二年歲在丁亥"，拓本另紙題記"右咸和二年歲在丁亥磚，亦海鹽所出，入阮氏八磚吟館，見《清儀閣題跋》"，拓本先生鈐印"施捨所得"。

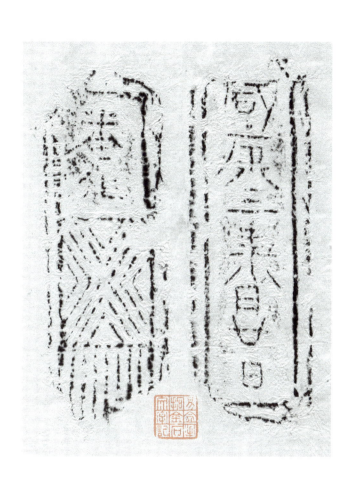

咸康磚

揚州蔡鍾濟易盦傳拓本，磚面磚側合拓一紙。磚面文曰"咸康三年八月廿日"，磚側文曰"眷作"，拓本先生題記磚文。拓本蔡氏鈐印"易盦手拓金石文字記"，先生鈐印"舍之長物"。

興寧磚

興寧磚墨紙,選輯二品。一為嘉興張叔未清儀閣拓本,磚文曰"晉興寧[闕半字]",拓本鈐印"張廷濟",先生鈐印"舍之長物"。一為大興翁覃谿蘇齋藏本,磚文曰"興寧元年",拓本鈐印"翁方綱印",先生鈐印"施舍所得"。

太元磚

選輯三品。一為嘉興張叔未清儀閣拓本,磚文曰"太元四年",拓本鈐印"張廷濟",先生鈐印"施舍所得"。一為大興翁覃谿蘇齋藏本,磚文曰"太〔闕半字〕元廿年造",拓本鈐印"翁方綱印",先生鈐印"施舍所得"。一為王懋官藏本,磚文曰"太元廿年建",拓本鈐印"王懋官印",先生鈐印"施舍所得"。

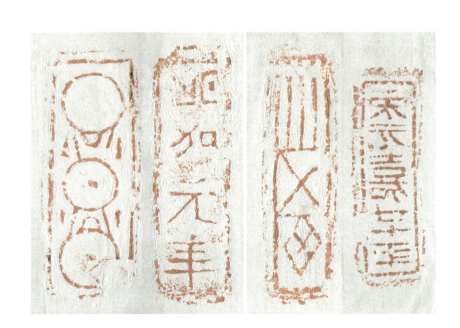

元嘉兩磚

選輯元嘉磚蛛拓兩本，磚面、磚側皆分拓二紙。一本磚面拓本先生小識"宋元嘉廿一年，反文，恐是廿十年，即二十年之誤"，磚側拓本先生小識"側紋"，二紙先生皆鈐印"施舍金石"。別一本磚面拓本先生小識"囗加元年（疑即'元嘉'）"，二紙先生亦皆鈐"施舍金石"。

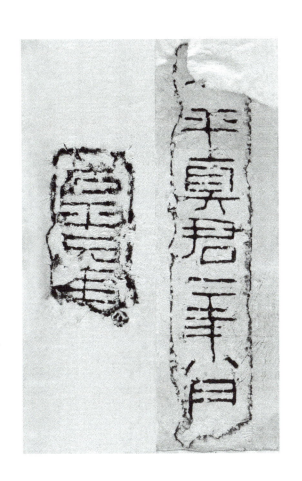

北魏北周二磚

選輯北魏北周磚二品。右拓本殘紙,磚文曰"太[字闕]平真君二年八月",拓本另紙先生小識"北魏太平真君磚,甚少見",拓本先生鈐印"舍之審定""施舍所得"。左磚文曰"石平元年",拓本另紙先生小識"北周石平元年磚,亦珍品也",拓本先生鈐印"舍之審定""施舍所得"。

元和五年磚

磚文為反文,曰"元和五年"。拓本另紙先生小識"此元和五年反文磚,唐磚有紀年者不多見"。

天寶磚

此天寶磚墨紙,嘉興張叔未清儀閣傳拓本。拓本張氏鈐印"張廷濟",先生鈐印"施舍所得"。

吳越王雷峰塔磚

德清俞陛雲樂靜堂傳拓本，磚銘二紙，磚文兩品分別曰"西關""王官"。拓本俞氏題記"吳越王雷峰塔塼　乙丑夏五陛雲手拓"並印"西谿俞陛雲著錄之章"。先生嘗作題跋，《雷峰塔磚》記云"此磚是西關官窰所造"。（見《北山集古錄》）

天福造塔磚

磚面銘文一紙、磚兩側題刻二紙合裱一本。磚文曰"天福七年造塔磚",磚兩側文曰"壬子秋遊衛源香泉寺,山僧法空所贈。仁泉珍玩"。拓本無鈐印。

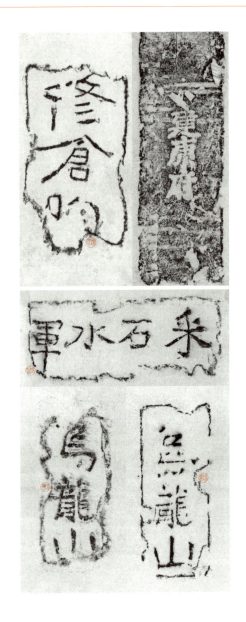

建康府修城磚

選輯五品。一紙嘉定瞿氏古泉山館傳拓本，嘉興張叔未清儀閣藏本，磚文正書陰文，曰"建康府"，先生另紙小識"清嘉慶庚申，瞿鏡濤得於金陵試院壁間"，拓本先生鈐印"施舍所得"，嘗作題跋，《宋建康府磚》記云"錢辛楣《潛研堂金石文跋尾》及《十駕齋養新錄》，均有著錄""直以此字出高宗手筆，斯則過矣"。（見《北山集古別錄》）別四紙松江聞在宥藏本，磚文曰"修倉陶"，拓本鈐印"錦喜"，先生鈐印"舍之長物"；磚文曰"采石水軍"，拓本鈐印"錦喜"，先生鈐印"施蟄存"；磚文曰"烏龍山"二，不同範，拓本皆鈐印"錦喜"，先生分別鈐印"施舍金石""舍之審定"；先生嘗作題跋，《書〈宋建康府修城磚〉裝冊後》記云"余藏有宋景定元年建康府修城磚墨拓本二十七紙，時一九七四年，鄉人聞在宥從北京寄惠。此諸磚皆民國初南京拆城墙時所獲得"。（見《北山談藝錄》）

沈明磚

　　海昌釋達受綠天庵傳拓本，東武劉喜海嘉陰簃藏本。拓本釋達受鈐印"六舟拓贈"，劉氏鈐印"燕庭攷藏金石文字"。

廣州修城磚

城牆磚選輯二品。一本磚面局部,磚文曰"廣州修城塼",拓本先生鈐印"施舍所得"。別附一本,磚面文曰"增城縣城磚",拓本先生亦鈐"施舍所得"。

迎謁畫磚

畫磚墨紙一品,濰縣陳介祺簠齋傳拓本,磚畫紋飾為人物迎謁兩騎者。拓本陳氏鈐印"君子專館藏專"。

騎士畫磚

濰縣陳介祺簠齋傳拓本，磚畫殘存紋飾為前行騎士。拓本陳氏鈐印"簠齋""君子專館藏專"。

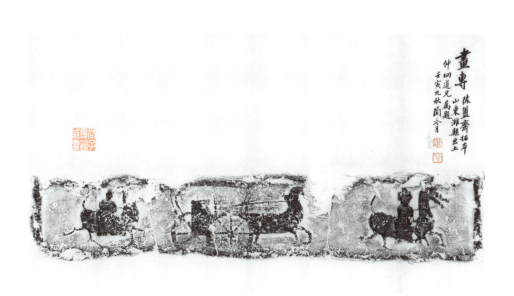

車馬出行畫磚

濰縣陳介祺簠齋傳拓本,揚州吳載龢師李齋藏本。拓本姑蘇陶鏞宏齋題記"畫專 陳簠齋拓本,山東濰縣出土。仲坰道兄屬題,壬寅九秋,陶冷月"並印"陶鏞之印""冷月"。拓本陳氏鈐印"君子專館藏專",先生鈐印"吳興施舍攷藏""舍之審定",別有"沈氏建中珍賞"。

萬字磚

此萬字圖飾磚紋一品，濰縣陳介祺簠齋傳拓本。拓本陳氏鈐印"君子專館藏專""簠齋兩京文字"。

魚紋磚

魚紋圖案畫磚精拓一紙,拓本先生鈐印"施舍所得"。

侯鳥殘磚

磚畫鳥形紋飾並"侯"字，其下字殘。拓本先生鈐印"施舍所得"。先生嘗作題跋，《侯鳥殘磚》記云"此紙從碑估黄小玄處得之，黄亦不知其來歷。余一見即决其為漢物""此確實是磚，而非石矣"。（見《北山談藝録續編》）

圖飾二磚

圖飾畫磚拓本二紙。右"五銖"反文磚,拓本舊藏者題記"王蘭泉先生藏"。左吳興鈕葦邨藏本,人像鳳鳥磚,拓本鈐印"葦邨"。

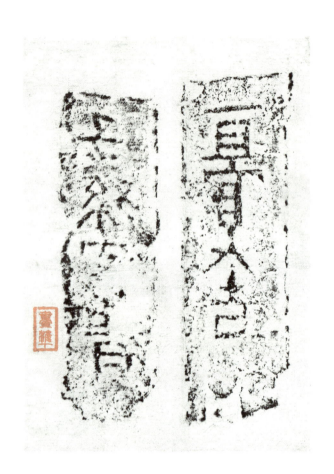

吉語磚

吉語磚二品合輯一紙，磚文為反文，一曰"宜官大吉"，一曰"子孫安善"。先生另紙小識"此吉語磚，應當是晉時物，殘泐處乃'子孫安善'四字"。拓本鈐印"畫準"，先生鈐印"無相庵"。

萬歲磚

嘉興張叔未清儀閣傳拓本。拓本張氏鈐印"張廷濟",先生鈐印"施舍所得"。

大吉長樂磚

選輯二品。一為硃拓本，磚文曰"大吉羊宜矦王"，拓本先生鈐印"施舍金石"。一為承軒藏本，磚文曰"長樂"，拓本鈐印"承軒所得"。

羽陽宮瓦

羽陽宮瓦選輯二品。上品文曰"羽陽千歲",拓本先生鈐印"舍之"。下品文曰"羽陽臨渭",拓本先生亦鈐"舍之"。先生嘗作題跋,《秦羽陽宮瓦》記云"此瓦皆出於鳳翔"。(見《北山集古錄》)

秦始皇陵殘瓦

成都徐壽玉局邨舍傳拓本,徐無聞歌商頌室藏本。拓本徐氏鈐印"成都徐壽",先生鈐印"舍之審定"。

飛鴻延年瓦

硃拓本，飛鴻形紋瓦當，文曰"延年"。拓本先生鈐印"吳興施舍所得古金石專瓦文"。別一紙為寧波周退密題簽"北山樓藏漢瓦當拓本　北山老人九五華誕，謙約齋製賀。退密題"並印"退密"。

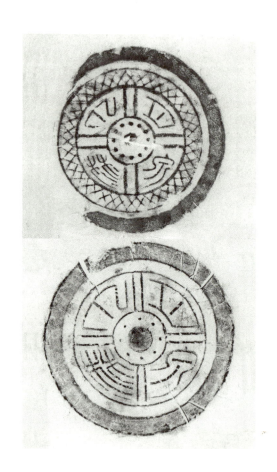

甘泉上林瓦

　　漢瓦當選輯二品，文皆曰"甘泉上林"。下品拓本先生鈐印"舍之長物"。先生嘗作題跋，《甘泉上林瓦》記云"上林，秦時舊苑""甘泉則起於武帝時""是必起建甘泉苑時，兼修上林，故合二苑名作瓦也""二苑殿閣，何止千門萬戶，宜其遺瓦特多"。（見《北山集古録》）

宮阿樂平　索石金見瓦觀樂平　漢

平樂宮阿瓦

邵陽董引子述古閣藏本。拓本題記"漢，平樂觀瓦，見《金石索》。平樂阿宮"，左側別有舊藏者小識"未詳"。拓本董氏鈐印殘兩字半，文曰"述古閣［闕］金［闕半］石印［闕］"。先生嘗作題跋，《平樂宮阿瓦》記云"程勉之《秦漢瓦當文字》始著錄，程釋作'平樂宮阿閣之瓦'，其說未安。'阿'，未必皆阿閣""按《周禮·冬宮》云……可知此乃平樂宮門阿所用之瓦"。（見《北山集古錄》）

建章宫瓦

漢瓦當文曰"建章"。拓本先生鈐印"吳興施舍攷藏"。先生嘗作題跋,《建章宮瓦》記云"筆勢方正,在中央,未見著録。《漢書·武帝紀》'太和元年十一月乙酉,柏梁臺災,二月,起建章宮'。《三輔黃圖》云'建章宮,漢武帝造'""此其孑遺矣"。(見《北山集古録》)

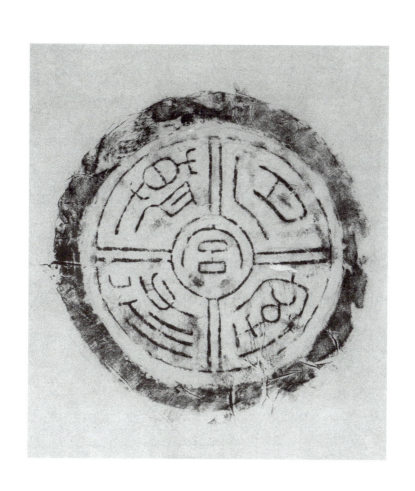

朝神石室宮瓦

漢五字瓦當，文曰"朝神石室宮"。拓本先生鈐印"無相庵""吳興施舍攷藏"。先生嘗作詩詠之，記云"余得朝神石室、建章諸瓦拓本，未見著錄，亦不審誰何所藏""朝神一品，字亦奇古，均罕見，決非偽造。《陝西通誌》著錄'石室朝神瓦'，未知與此同異。余所得二紙，皆是神字，絕非神字殘缺。其字疑為祂之變，祂，又祧之省也"。（見《金石百詠》）

八風壽存當瓦

漢五字瓦當文曰"八風壽存當"。拓本先生鈐印"無相庵""舍之審定"。先生嘗作題跋,《八風壽存當》記云"程勉之定為王莽時八風臺瓦""然則此亦可釋為別風闕瓦,何必遲至新家"。(見《北山集古別錄》)

宗正官瓦

漢瓦當四字,文曰"宗正官當"。拓本先生鈐印"無相庵""舍之審定"。先生嘗作題跋,《宗正官瓦》記云"製在元始以前,宗正署舍所用也"。(見《北山集古録》)

安世瓦

此漢瓦當一品,文曰"安世"。拓本先生鈐印"北山樓"。先生嘗作題跋,《安世瓦》記云"極少見,未有著錄。余二十年間,僅得一紙"。(見《北山集古錄》)

便字瓦

漢瓦當墨拓一紙，僅一字，篆曰"便"。拓本先生鈐印"無相庵""吳興施舍攷藏"。

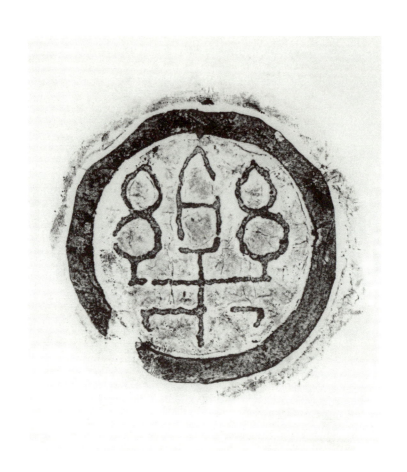

樂字瓦

此本漢瓦當,亦僅一字,曰"樂"。拓本先生鈐印"無相庵""吳興施舍攷藏"。先生嘗作題跋,《樂字瓦》記云"程勉之〔歙縣程敦《秦漢瓦當文字》〕著録,疑是長樂宮瓦""武帝時始別為建置,此當是樂府所施瓦也"。(見《北山集古録》)

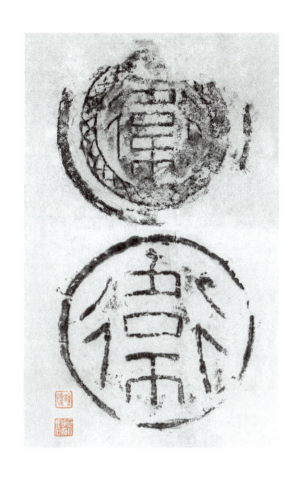

衛字瓦

漢衛字瓦數品，茲選輯二品，皆一字瓦記"衛"。上品殘瓦，拓本先生鈐印"施舍所得"。下品揚州蔡鍾濟易盦傳拓本，拓本鈐印"鍾濟""巨川手拓金石"。

永受嘉福瓦

濰縣陳介祺簠齋傳拓本，揚州吳載龢師李齋藏本。漢瓦當文曰"永受嘉福"，先生嘗曰"此瓦出土甚多，文字精妙者惟此陳簠齋所得一品"。（見《北山集古錄》）拓本陳氏鈐印"簠齋藏古""古陶主人""半生林下田間"，吳氏鈐印"中珺得來"，先生鈐印"舍之長物"。

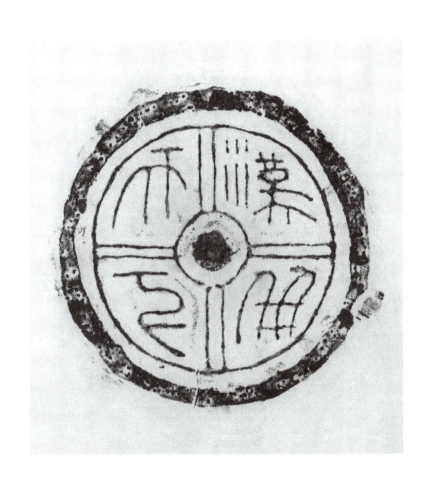

漢并天下瓦

甘泉毛鳳枝蟬叟寓意於物齋《關中金石文字存逸攷》著錄。拓本先生鈐印"無相庵""舍之審定"。先生嘗作題跋，《漢并天下瓦》記云"此炎劉第一瓦也"。（見《北山集古錄》）

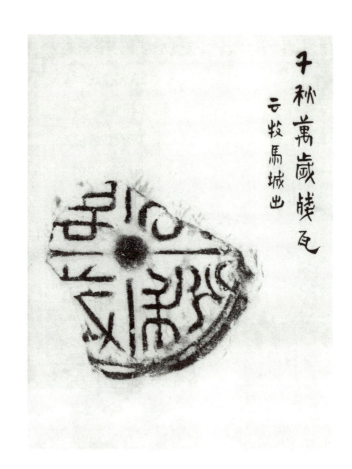

千秋萬歲殘瓦

濰縣陳介祺簠齋傳拓本，拓本題記"千秋萬歲殘瓦，云牧馬城出"。拓本先生鈐印"舍之長物"。按：先生嘗小識"簠齋藏瓦"。

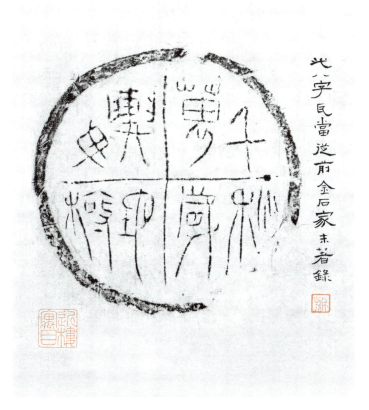

千秋萬歲八字瓦

錢塘徐楙問蘧廬拓本,漢八字瓦當文,文曰"千秋萬歲,輿地毋極"。拓本徐氏題記"此八字瓦當,從前金石家未著録"並印"楙"。拓本鈐印"近樓寓目"。先生嘗作題跋《千秋萬歲輿地毋極瓦》。(見《北山集古録》)

千秋萬世瓦

鄭州崔氏耕堂傳拓本,拓本崔耕題記"密縣曲梁公社田野中捡得,1979年"。拓本先生鈐印"吳興施舍攷藏"。

長樂未央瓦

漢瓦當墨拓一紙,承軒藏本。瓦當銘四字,文曰"長樂未央"。拓本鈐印"承軒所得",先生鈐印"北山樓"。

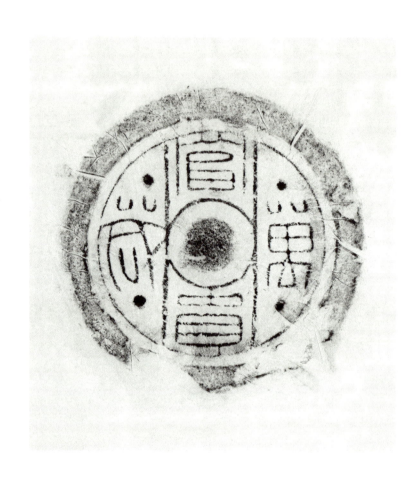

富貴萬歲瓦

漢瓦當一品,銘四字,文曰"富貴萬歲"。拓本無鈐印。

延年半瓦

廣州李尹桑大同石佛龕傳拓本，揚州吳載龢師李齋藏本。拓本李氏鈐印"鉢齋兩京文字"，吳氏鈐印"吳載龢印""中珺心賞""師李齋藏"，先生鈐印"吳興施舍所得古金石專瓦文"。先生嘗作題跋，《延年瓦》記云"此瓦出土，以半瓦為多，豈其建築與其他宮殿不同乎"。（見《北山集古錄》）

延壽九字瓦

朱墨拓本一紙，漢九字瓦當，行三，每行二、四、三格不等，每格一字，文曰"延壽，萬歲常與，天久長"。拓本無鈐印。

益延壽瓦

漢瓦當文曰"益延壽"。拓本先生鈐印"施蟄存"。先生嘗作題跋,《益延壽瓦》記云"此瓦大亦徑尺,文亦甚古""雖三字,然分作四格,'益延'二字間有界道,'壽'字則假中畫為界道,上下如二字,構思極工妙"。(見《北山集古錄》)

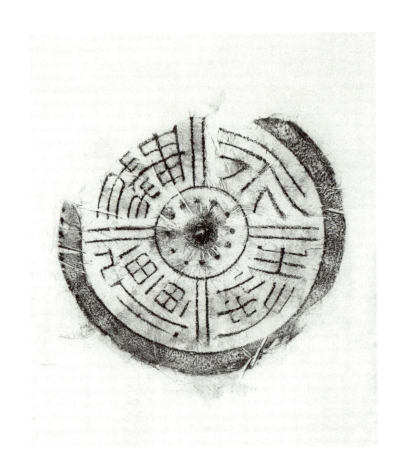

永奉無疆瓦

漢瓦當墨拓一品,瓦緣略有殘闕,而瓦銘四字未損,文曰"永奉無疆"。拓本無鈐印。

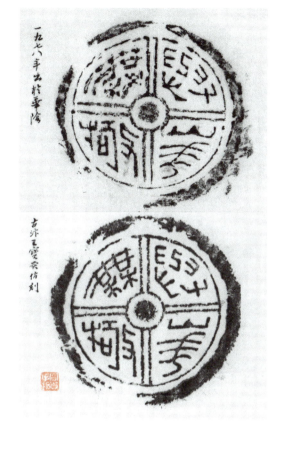

與華無極瓦

　　河南王寶貴傳拓本。上為原拓本，拓本題記"一九七八年出於華陰"，拓本先生鈐印"施舍金石"。下係摹刻本，拓本題記"古汴王寶貴仿刻"，拓本鈐印"寶貴手拓"，先生鈐印"施舍之印"。

盜瓦者死瓦

　　溥心畬寒玉堂傳拓本，瓜蒂庵主謝國楨藏本。拓本鈐印"心畬手拓金石"，先生鈐印"舍之長物"。先生嘗作題跋，《盜瓦者死瓦》記云"此瓦溥心畬祕藏，未聞有第二品""謝剛主忽自京中寄惠此溥氏手拓本"。（見《北山集古錄》）

戰國殘瓦

戰國殘瓦，鄭州崔氏耕堂傳拓本。拓本崔氏另紙鋼筆題記"新鄭城北春秋戰國遺址'望京樓'附近出土瓦當，殘"。先生一九七七年二月十一日致崔耕函談及"這一塊也可能是東周的製作"。（見《北山致耕堂書簡》）

四神青龍紋瓦

吳興沈邁士寬齋藏品，寧波周氏四明石室傳拓本。拓本周氏題記"龍文瓦當　吳興沈氏藏弄，退密儕看，還瓻之日手摹一紙目贈舍之先生正賞"並印"周退密"。拓本鈐印"退密"，先生鈐印"舍之長物"。

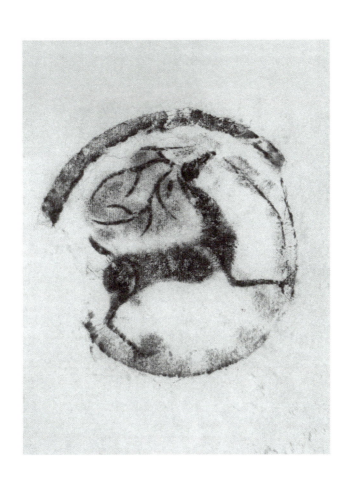

鹿紋瓦

古瓦墨拓一紙,瓦緣殘損,而鹿形紋飾完整。拓本先生鈐印"無相庵""施舍之印"。

玄武瓦

漢瓦一品，寧波周氏四明石室傳拓本。拓本周氏題記"漢玄武瓦退密手拓真品"並印"退密"，拓本鈐印"退密審定"。

葵紋瓦

南通包謙六吉庵藏瓦，武進沈氏謙約齋傳拓本。拓本鈐印"沈氏手拓""建中玩古"，先生鈐印"無相庵""吳興施舍攷藏"。

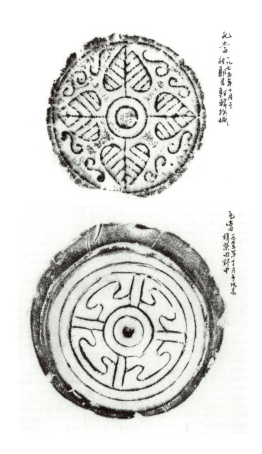

崔氏贈瓦兩種

鄭州崔氏耕堂傳拓本二品。一四葉紋瓦，拓本崔氏題記"瓦當，一九七五年十月于新鄭縣鄭韓故城〔一壕溝中〕"，拓本先生鈐印"施舍長年"。一云紋瓦，拓本崔氏題記"瓦當，一九七五年十二月于鞏縣稍柴田野中"，拓本先生鈐印"舍之長物"。先生一九七六年三月二十七日致崔耕函談及"此二瓦當是精品，較小，雲紋瓦有邊框，可以說是漢魏物。四葉瓦無邊款，是北朝物，但漢磚已有豎葉紋者，故不能說四葉紋不是漢代圖案""新鄭為春秋戰國都城，從形製看，當為漢前物"。（見《北山致耕堂書簡》）

魯故城瓦

貴陽姚鑒太堅傳拓本，會稽周氏鳳皇專齋藏本，二品並列合拓一紙，後裁分二紙裝冊。姚氏題簽"曲阜魯故城出土漢渦雲文蓮瓣文瓦當"，又題跋"[民國] 三十二年季秋，至曲阜調查史蹟，發掘所得，歸後拓呈豈明先生。姚鑒茫子"並印"姚鑒"。拓本先生鈐印"施舍所得"。先生嘗作題跋，《魯故城瓦》記云"癸卯歲，[知堂] 老人知余方有志於集古，因以見惠。姚君定二瓦皆漢物，疑是靈光殿瓦"。（見《北山集古錄》）

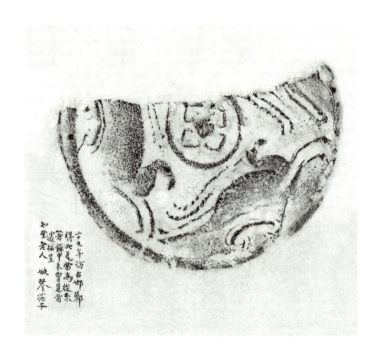

邯鄲殘瓦

貴陽姚鋻太堅傳拓本,會稽周氏鳳皇專齋藏本。拓本姚氏題記"[民國]二十九年訪古邯鄲,得此瓦當,為從來著錄中未曾見者,遂拓呈知堂老人。姚鋻茫子"。

小楼山集古品

李逢署

輯四 佳品篇

甲骨三品

輯録甲骨文字墨拓三紙本。拓本無鈐印。

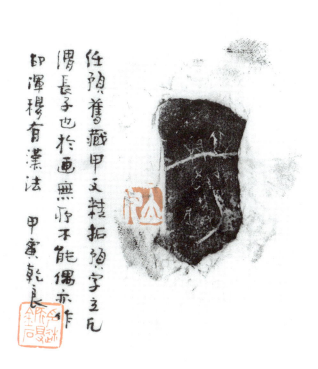

任預藏甲文

蕭山任預傳拓本，杭州林乾良藏本。拓本林氏題跋"任預舊藏甲文精拓，預字立凡，渭長子也，於畫無所不能，偶亦作印，渾穆有漢法。甲寅乾良"並印"印迷所得金石"。拓本任氏鈐印"立凡"。

古骨質瞿首

嘉興金氏郼齋傳拓本,揚州秦氏嬰闇藏本。拓本另紙先生小識"古骨質瞿首,金祖同藏",拓本秦氏鈐印"阿曼集古"。按:此品金祖同《殷虛卜辭講話》著錄。

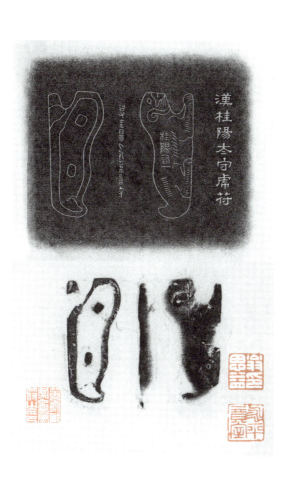

桂陽太守虎符

　　濰縣陳介祺簠齋傳拓本,金陵翁思益永平竟室藏本,漢器腹銘四字,篆曰"桂陽右一",原器拓本與摹刻本合拓一紙,此器上虞羅振玉《歷代符牌圖録》著録濰縣陳氏藏。拓本陳氏鈐印"簠齋藏虎貔魚符之印",翁氏鈐印"翁思益印""永平竟室"。

東萊太守虎符

潍縣陳介祺簠齋傳拓本，金陵翁思益永平竟室藏本，漢器腹銘四字，篆曰"東萊左一"，原器拓本與摹刻本合拓一紙，此器上虞羅振玉《歷代符牌圖録》著録潍縣陳氏藏。拓本陳氏鈐印"簠齋藏虎龜魚符之印"，翁氏鈐印"翁思益印""永平竟室"。

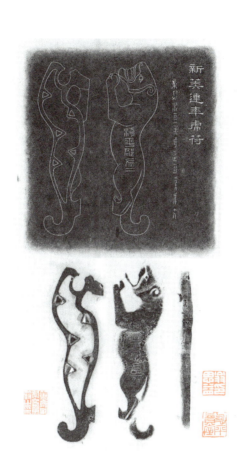

河平郡虎符

　　濰縣陳介祺簠齋傳拓本，金陵翁思益永平竟室藏本，新莽器腹銘五字，篆曰"河平郡左二"，原器拓本、摹刻本分拓二紙，此器上虞羅振玉《歷代符牌圖錄》著錄濰縣陳氏藏。拓本二紙陳氏皆鈐印"簠齋藏虎魖魚符之印"，翁氏亦皆鈐印"翁思益印""永平竟室"。

騶男虎符

濰縣陳介祺簠齋傳拓本，金陵翁思益永平竟室藏本。此晉器上虞羅振玉《歷代符牌圖錄》著錄濰縣陳氏藏。拓本陳氏鈐印"簠齋藏虎龜魚符之印"，翁氏鈐印"翁思益印""永平竟室"。

隋虎符兩品

　　陽湖李錦鴻傳拓本，虎符兩品皆正背合拓一紙。右品永昌府虎符，左品相原府虎符，此兩器上虞羅振玉《歷代符牌圖錄》著錄吳縣吳氏藏。拓本另紙先生小識"隋鷹揚府虎符　永昌府第二、相原府第四"並印"施舍金石"。拓本鈐印"李澈私印"。

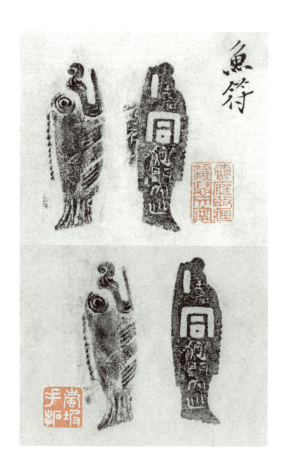

嘉德門內巡魚符

　　唐銅魚符一品，墨拓輯錄兩本，皆正背合拓一紙。一本東武劉喜海嘉蔭簃傳拓本，拓本劉氏題記"魚符"，拓本劉氏鈐印"燕庭攷藏鐘鼎文字"，先生鈐印"施舍所得"，又嘗作題跋，《唐巡魚符》記云"為劉燕庭所藏，此拓本亦燕庭手拓也""此符見兩疊軒著錄〔上虞羅振玉《歷代符牌圖錄》著錄吳縣吳氏藏〕，已題'巡魚符'"。（見《北山談藝錄》）另本為嘉興汪泰基千墨樓傳拓本，拓本汪氏鈐印"嵐坡手拓"。

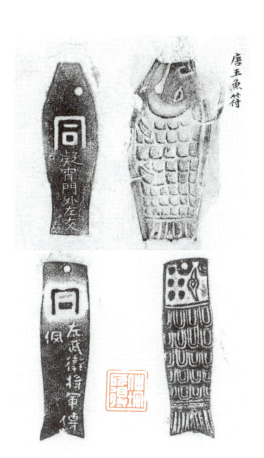

玉魚符

唐玉魚符兩品,皆正背合拓一紙。一品器腹銘"同"陰字,並文曰"凝霄門外左交",拓本舊藏者題記"唐玉魚符",拓本先生鈐印"舍之珍藏"。別一品為揚州吳載龢師李齋藏本,器腹銘"同"陽字,並文曰"左武衛將軍傅佩",拓本吳氏鈐印"仲垌所得"。

武周雲麾將軍龜符

雲麾將軍阿伏師奚纈大利發龜符，嘉興汪泰基千墨樓傳拓本。此係武周器，上虞羅振玉《歷代符牌圖錄》著錄吳縣吳氏藏。拓本汪氏鈐印"嵐坡手拓"。

金奉御從人銅牌

平湖朱大章敬吾心室傳拓本，川沙沈均初漢石經室藏本，牌正背合拓一紙，牌面編號"日字第三十二号"。拓本朱氏鈐印"建卿手拓"，沈氏鈐印"沈樹鏞鄭齋攷藏"，先生鈐印"施舍所得"，又嘗作題跋，《金奉御從人牌子》記云"此即錢大昕《十駕齋養新錄》所記之'日字銅牌'""《善齋吉金錄》著錄二牌，形製與此同，皆為日字第三十二號。近年黑龍江阿城縣金上京故墟出土一牌，亦'日字第三十二號'，此事甚奇，未喻其故，豈有宮禁銅牌可同號者"。（見《北山集古錄》）按：此器上虞羅振玉《歷代符牌圖錄》亦有著錄。

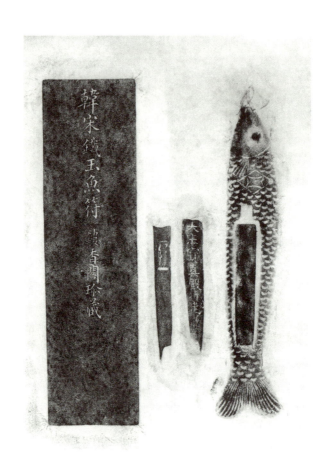

韓宋鐵玉魚符

此品係鏤香閣傳拓本,原器與題刻合拓一紙,後裁分二紙入冊。器腹銘文曰"大宋寶真殿行走"。拓本鈐印"施舍金石"。

朝參官員牙牌

明符牌二品選一。建文元年朝參官員懸帶牙牌，戶部四川司主事牙牌編號"文字貳百拾玖號"，牌正、背及兩側原合拓一紙，後裁分二紙入冊。拓本無鈐印。先生嘗作題跋，《明朝參官員牙牌》記云"建文遺物，世不多見"。（見《北山集古錄》）

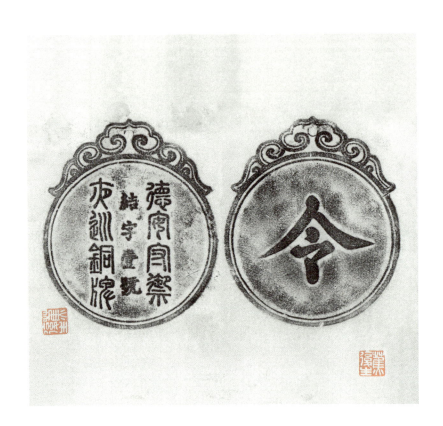

德安守禦夜巡銅牌

明銅牌墨本一品,牌正背分拓二紙,牌面編號"結字壹號"。此器上虞羅振玉《歷代符牌圖錄》有著錄。拓本舊藏者分別鈐印"蕉復生",先生鈐印"施舍金石"。

隨駕養豹官軍豹牌

　　明銅牌正背合拓一紙，牌面編號"豹字陸佰貳拾伍號"。此器上虞羅振玉《歷代符牌圖錄》著錄。拓本先生鈐印"施舍所得"，又嘗作題跋，《明豹房銅牌》記云"明武宗正德年間創立豹房，守衛官軍帶此牌以為出入之信者。錢大昕《十駕齋養新錄》有攷釋，錢云'瞿鏡濤於蘇州玄妙觀得一牌，為捌佰肆拾柒號。吳兔床在杭州得一牌，為陸佰拾號'"《善齋吉金錄》收一牌，為伍佰捌拾捌號"。（見《北山集古錄》）

隨駕養鷹官軍鷹牌

明銅牌正背合拓一紙,牌面編號"鷹字壹千伍佰叁拾柒號"。此器上虞羅振玉《歷代符牌圖錄》有著錄。拓本先生鈐印"施舍所得",又嘗作題跋,《明鷹坊銅牌》記云"明武宗鷹坊官軍所用,惟史未書其建置。武宗淫湎酒色,縱情畋獵,豹房鷹坊,官軍至千五百人,皆倚勢虐民之徒"。(見《北山集古錄》)

叁千營隨駕官軍雲牌

商城楊鐸函青閣藏本,明銅牌正背合拓一紙,牌面編號"勇字貳佰柒拾壹號"。拓本楊氏鈐印"石卿",先生鈐印"施舍所得",又嘗作題跋,《明叁千營銅牌》記云"明永樂十八年定京軍三大營之制""三千營者,得邊外降軍三千人,因立為營,為隨駕禁軍""嘉靖二十九年,改三千營為神樞營。然則此乃永樂至嘉靖一百三十年間三千營官軍所佩,以出入宮門者"。(見《北山集古錄》)

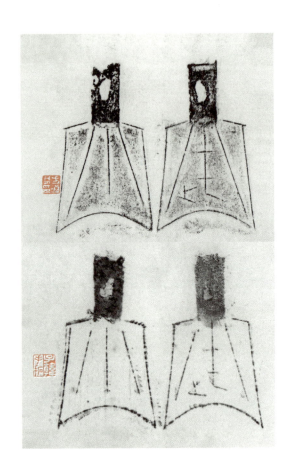

空首布武幣

此品墨拓輯錄兩本,一為定遠方濬益綴遺齋舊藏本,拓本另紙先生小識"春秋時空首布,武",拓本鈐印"方濬益印"。一為子韓傳拓本,拓本鈐印"子韓手拓",先生鈐印"施舍所得"。

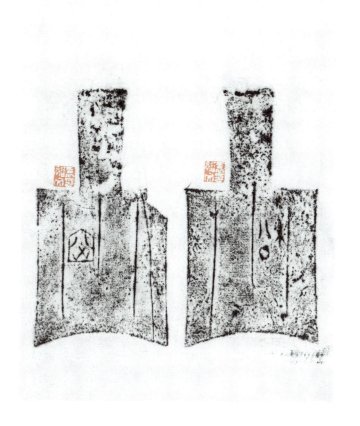

春秋空首布

春秋空首布,選輯二品。袁裕文傳拓本,"松幣""窆幣"兩品分拓二紙。拓本另紙先生小識"此亦春秋時布"。拓本二紙各鈐"袁裕文印","松幣"一紙先生鈐印"施舍所得"。

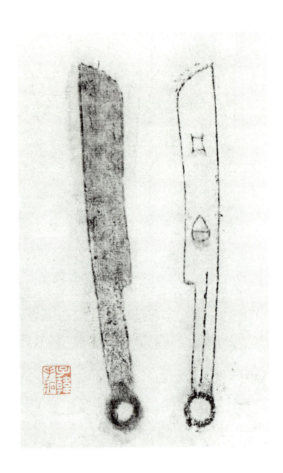

成白直刀

此品係子韓傳拓本,背"成白"直刀幣,正背兩面合拓一紙。拓本另紙先生小識"晉刀"。拓本鈐印"子韓手拓",先生鈐印"施舍所得"。

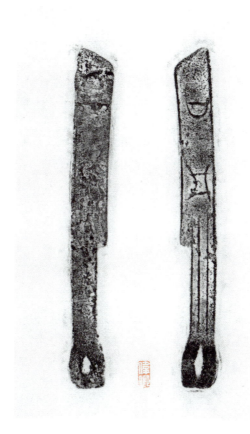

趙直刀幣

選録"偉卿古泉集藏冊"之一,背"甘丹"直刀幣,正背兩面合拓一紙。拓本另紙先生小識"趙直身刀,邯鄲,甘丹"。拓本鈐印"偉卿"。

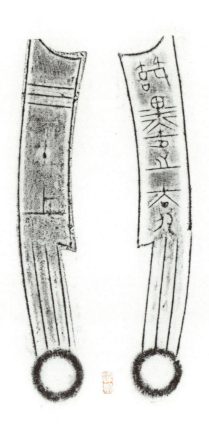

節墨之大化

選録"偉卿古泉集藏冊"之二,背"上"齊大刀幣,正背兩面合拓一紙。拓本另紙先生小識"即墨刀亦齊國早期之刀幣,背文有'法甘''大行''上'"。拓本鈐印"偉卿"。

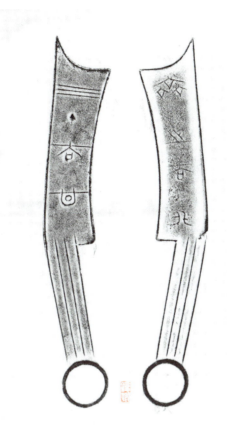

齊之大化

選録"偉卿古泉集藏冊"之三,背"大甘"四字刀幣,正背兩面合拓一紙。拓本另紙先生小識"齊之法化亦齊國早期刀幣"。拓本鈐印"偉卿"。

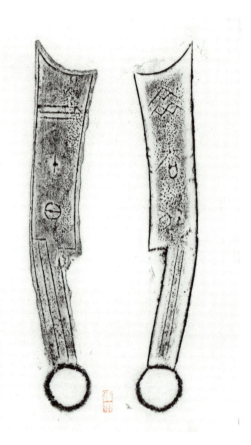

齊大化

　　選錄"偉卿古泉集藏冊"之四,背"日"三字刀幣,正背兩面合拓一紙。拓本另紙先生小識"'齊法化'三字刀為戰國時齊貨,行用時期最久,故所鑄最多,今出土亦最多"。拓本鈐印"偉卿"。

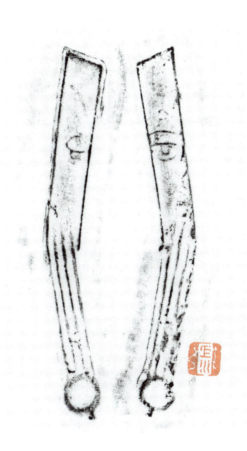

燕刀布

燕刀布墨本二品選一。揚州蔡鍾濟易盦傳拓本,拓本另紙先生小識"燕刀布"。拓本蔡氏鈐印"巨川",先生鈐印"施舍所得"。

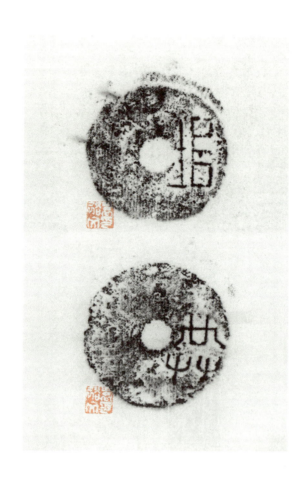

垣共圜錢

袁裕文傳拓本，"垣幣""共幣"兩品分拓二紙，拓本另紙先生小識"晉圓錢 '垣''共'"，拓本二紙分別鈐印"袁裕文印"，先生亦鈐"舍之攷古"。拓本先生另紙小識"戴文節公《古泉叢話》云'右圜化二品，第一共字，第二垣字，垣字北地甚多，共字不可猝得。凡圜化止此二字，未嘗有他字。惟燕亭有一枚，曰濟陰'"。

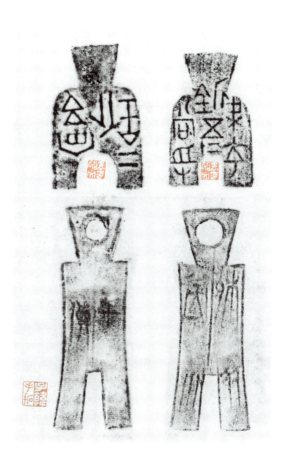

戰國鈳布

選輯三品。上袁裕文傳拓本二品，"梁新鈳五十二當""安邑二鈳幣"分拓二紙，戴熙《古泉叢話》著録，拓本另紙先生小識"晉平首布""舜幣""禹幣"，拓本各鈐"袁裕文印"，先生亦鈐"舍之攷古"，先生另紙小識"[左]一品倒文，前人釋作'安邑化二金'，戴鄂士[煦]釋作'安邑二鈂'，謂從貝則為貨，從金則為鈂也"。別一品，下為子韓傳拓本，"扶戔當十斤幣"正背合拓一紙，拓本另紙先生小識"楚布"，拓本鈐印"子韓手拓"，先生鈐印"施舍所得"。

中山錢幣

杭州鄒景叔四王鉢齋傳拓本。拓本鄒氏題記"中山錢幣 '詩周頌臣工'庤乃錢鎛,'毛傳'錢銚,'說文'錢銚古田器。'清[欽]定授時通攷'畫錢,形正如此,或即據以為田器之證,抑知田器之形,雖同而大小懸殊。此上空首與空首幣相同,張耒未謂,後世謂泉為錢,當亦因幣有錢之形,子錢反不必以銖兩得名。其說宜字田器,正可援以說此,況宜字田器,亦有以為泉者。翁樹培名為'宜泉',或謂即因宜字器,中山在六國時與韓魏趙並稱。曾見又一器作分書,知此亦漢時之中山,前列入'周金文存',誤也。丁卯四月適廬記"。拓本先生鈐印"施舍金石"。

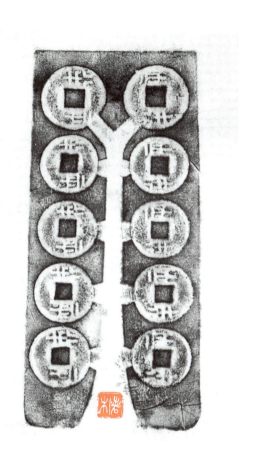

八銖半兩泉範

泉範一品，揚州陳崇光舊藏。拓本另紙先生小識"漢高后八銖半兩錢範，見《貨布文字攷》[馬昂著]"。拓本鈐印"若木"。

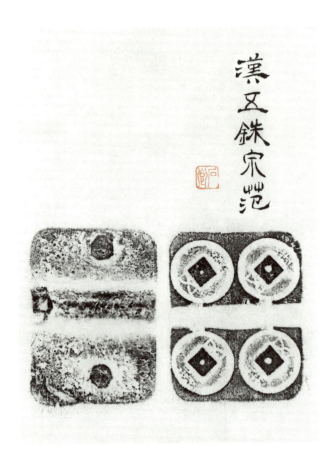

五銖泉範

商城楊鐸函青閣藏本,泉範正背兩面合拓一紙,拓本楊氏題記"漢五銖泉範"。拓本楊氏鈐印"石卿",先生鈐印"施舍所得"。

新莽貨幣

山陰孫元超傳拓本，山陰金越舫藏本。幣正背兩面合拓一紙，拓本孫氏鈐印"元超手拓"，金氏鈐印"金越舫"。

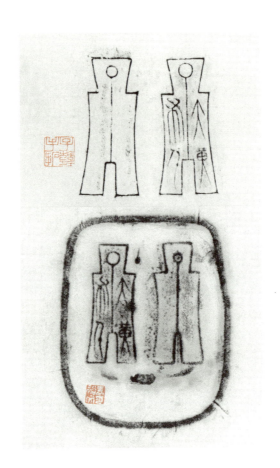

大布黄千

　　大布黃千之幣與範，輯錄二品。一品幣正背，子韓傳拓本，另紙先生小識"新莽幣　大布黃千"，拓本鈐印"子韓手拓"，先生鈐印"施舍所得"。一品范，袁裕文傳拓本，另紙先生小識"新莽大布黃千範"，拓本鈐印"袁裕文印"，先生鈐印"施舍所得"。

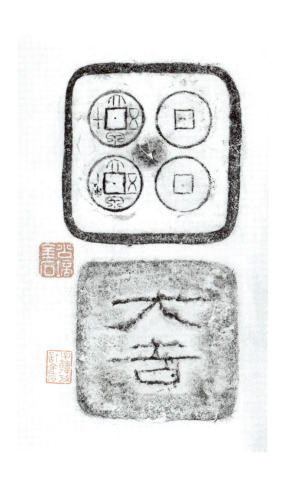

大泉五十大吉範

大泉五十大吉範佳拓，子韓舊藏，範正背合拓一紙。拓本鈐印"公培金石""子韓攷訂金石"，先生鈐印"舍之審定"。

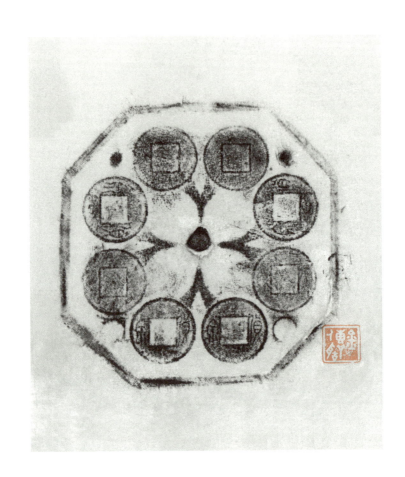

新莽貨泉範

新莽貨泉範一品，秀水金蘭坡舊藏。拓本另紙先生小識"新莽貨泉範"。拓本金氏鈐印"金傳聲"，先生鈐印"舍之攷古"。

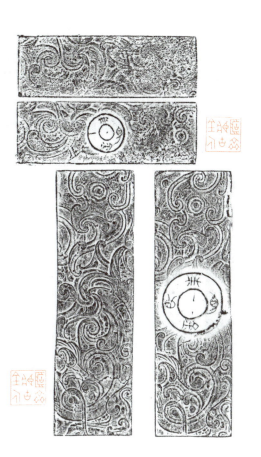

幣牌兩品

潍縣陳介祺簠齋傳拓本，銅製長方形版狀兩品，均為幣正背兩面合拓一紙，拓本兩品陳氏皆鈐印"簠齋藏古金貨"。按：丁福保原編、馬定祥批註《歷代古錢圖說》"廿一無攷品三〇八六"著錄云"不似流通幣"。上一品方若《藥雨古化雜詠》著錄為"白金一朱"。舊譜釋作"良金""艮金"，今有釋為"見金"等。

北齊常平五銖泉範

此北齊常平五銖泉範佳拓一品,拓本另紙先生小識"北齊常平五銖泉範"。拓本先生鈐印"施舍所得"。

大元國寶錢

商城楊鐸函青閣傳拓本,幣正背合拓一紙。拓本楊氏題記"大元國寶之傳于世者,多蒙古書,此大錢篆書極罕見。辛酉二月五日,吳理問世熙出以見眎,因拓其文。背作龍文,極精緻。理問號也儒,子梅太守胞弟",並鈐印"石卿所拓金石",先生鈐印"施舍所得"。

興朝通寶銅錢

　　北山樓藏銅錢三品，各分拓幣正背兩面三紙。拓本先生另紙小識，有曰"此三枚余得於昆明，皆銅錢，獨所謂大錢者未獲"。拓本三紙先生皆鈐印"舍之攻古"。先生嘗作題跋，《興朝錢》記云"孫可望錢也""張端木《錢錄》云'孫可望僭號於滇，僞號秦。鑄大錢，又鑄鐵錢，面文興朝通寶。幕文三品，曰工，曰壹分，曰五釐'。余所得悉如其言，蓋盡獲之矣""其鐵錢未見"。（見《北山集古錄》）

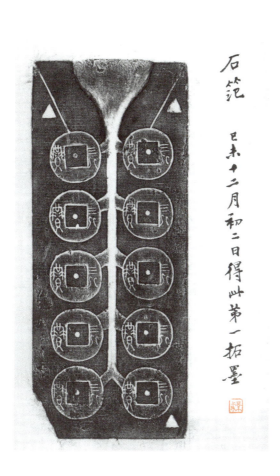

石範

石範一品,杭州鄒景叔四王鉢齋傳拓本。拓本鄒氏題記"石範 己未十二月初二日得此第一拓墨"並印"景卡"。拓本先生鈐印"施舍金石"。

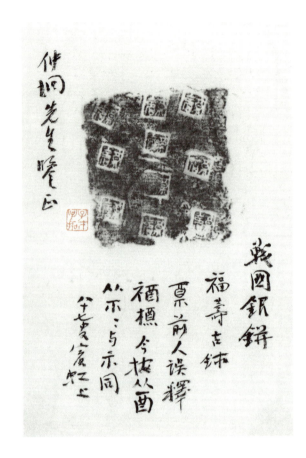

戰國銀鉼

硃拓本一紙,歙縣黃氏濱虹草堂傳拓本,揚州吳載穌師李齋藏本。拓本黃賓虹題記"仲坰先生鑒正,八十七叟賓虹上""戰國銀鉼,福壽古鉢"云云。拓本鈐印"子才手拓"。

黃神越章

漢印兩面刻鈐本,正面篆曰"黃神越章",另面棋局格式五行,行四字,字廿,卻細微不可識。拓本另紙先生小識"黃神越鐵印,兩面刻,漢人佩以辟邪者"。別附先生摘錄《抱朴子·登涉篇》一紙。先生嘗作題跋,《黃神越章》記云"漢銅印""漢人佩以旅遊,用作封泥璽印,以禁虎狼鬼魅者"。(見《北山集古錄》)

呂后玉璽

漢玉印鈐本一紙，玉印篆曰"皇后之璽"，鈐本題記"漢長陵新出土，呂后玉璽"。

新莽繡衣執法官印

新莽銅製印鈐本,印面篆曰"繡衣執法"。鈐本另紙先生小識"新莽繡衣執法官印"。先生嘗作題跋,《繡衣執法印》記云"王莽時官印""武帝至王莽,皆有繡衣之官,御史之職"。(見《北山集古錄》)

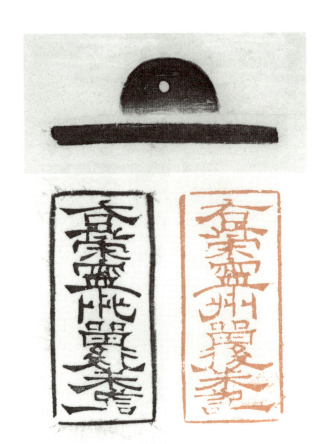

留後官印

銅製唐官印鈐拓本，印正墨拓、鈐印及印鈕墨拓共三紙，印面長方形分書曰"右策寧州留後朱記"。拓本另紙先生小識"唐印"。

東坡銅印

　　宋蘇軾銅製印鈐本，印面篆曰"蘇軾之印"；錢塘楊劍星豐華堂藏印墨拓"泉唐楊見心藏"。附蘇軾刻像墨拓一紙，階州邢雨民佺山題書"蘇文忠公印櫝，邢澍題"，別有楊氏刻印"復葊長物"。盒蓋陽湖黃仲則題刻一紙"眉山蒼蒼，大塊文章。獸鈕頭，篆鳥跡，中空無物，何止容卿輩數十。景仁仲則甫"。另有仁和譚仲修復堂題刻三紙"明月幾時有，化為百東坡。文章壽比金石，眼底古人多。天上星官名姓，翠落峨眉山影，著手一摩挲。黨禁偶然耳，塵劫幾番過。陪朝列，同謫宦，未銷磨。此中空洞，無物棱角尚嵯峨。拈到如神詩筆，合付朝雲拂拭，印印想婀娜。好事風流者，持此傲隨和。建恂得東坡銅印，賦水調歌頭紀之即塵，拍正，復堂學侶譚獻倚聲"，別有楊氏鈐印"楊复平生真賞""吉金室藏"。

元龍鳳官印

  元銅製印鈐本，印面篆曰"管軍總管府印"，印鈕右側字曰"管軍總管府印"、左側字曰"中書禮部造，龍鳳四年六月□日"，印鈕側字曰"欲字拾號"。印面印鈕側合鈐拓一紙。拓本先生鈐印"施舍所得"。先生嘗作題跋，《龍鳳官印》記云"元末農民起義軍韓林兒政權所用官印""鑄於龍鳳四年六月，正都汴後建置軍府時事也""此印鑄篆端嚴，頗有大朝氣象，想當時軍府中必有藝術高手。管軍總管府，元軍府制度，林兒沿用之"。（見《北山集古録》）

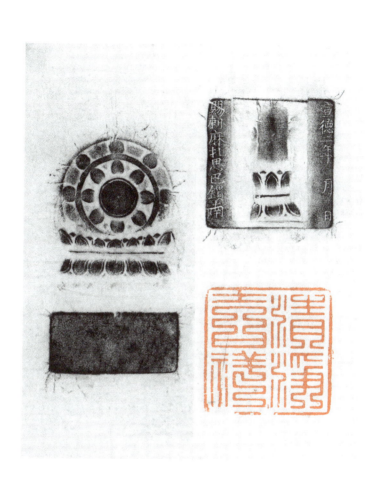

清淨喜祥印

明象牙製印鈐拓本,印正印背、法轮莲瓣钮座分鈐拓二紙。印面篆曰"清淨喜祥",印钮邊款"宣德二年口月口日""賜剌麻扎思巴鎖南"。此本先生鈐印"施舍所得"。

定州都商稅務印

鈐本一紙，印文曰"定州都商稅務記"。先生另紙小識"定州都商稅務印，絕佳，未見著録"。鈐本別有先生鈐印"舍之攷古"。

愙齋藏印

　　吳縣吳氏愙齋藏印，傳鈐本二紙。一漢白玉印鈐本，先生另紙小識"安營　吳清卿藏"。別一鈐印本，山陰范氏循園釋印文，曰"易鄡邑望麇孟之鉢"，先生另紙小識"愙齋藏印，范鼎卿釋文"。

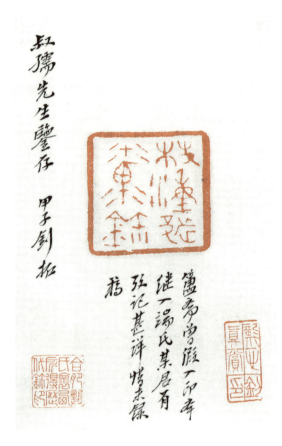

瞻麓齋藏印

合肥龔仲勉瞻麓齋傳鈐本，鄞縣趙時棡二弩精舍藏本。鈐本龔氏題記"叔孺先生鑒存　甲子剣拓"，又跋記"簠齋曾假入印本，繼入端氏。某君有攷記甚詳，惜未録稿"。鈐本龔氏鈐印"龔心剣真賞印""合肥龔氏懷希所得歷代鉢印"。

鈿閣治印

　　清石印鈐拓本一紙。鈿閣女子韓約素治印，篆曰"朗如明月入懷"並一面邊款，文曰"鈿閣韓約素為櫟園〔周亮工〕先生作並正"。先生嘗作題跋，《鈿閣女子治印》記云"四十年前從雲間故家乞鈐者""石為花乳凍"。（見《北山集古錄》）按：此印另三面邊款為周亮工卒後嗣子在浚跋刻，今再釋文一過，文曰"鈿閣女子為先君子作印三方，此其一也。其二方皆為友人索去。此方子寶，如散金碎璧，以禮先大夫之篤好耳。男在浚記"。

賓虹藏印

歙縣黃氏濱虹草堂傳鈐本,杭州鄒景叔四王鉢齋藏本,印文曰"楚王印章",鈐本系用"濱虹草堂藏古鉢印"印稿紙。

寒雲藏印

項城袁抱存傳鈐本,平湖陳氏安持精舍藏本。鈐本另紙先生小識"右袁寒雲藏宋玉印,釋作'飛雲'。余審視,當作'飛印',豈武穆物乎"。

漢櫛

漢櫛佳拓一紙,拓本另紙先生小識"漢櫛"。拓本先生鈐印"舍之審定""北山樓"。

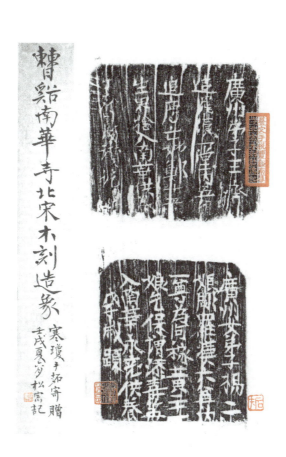

曹谿南華寺慶曆木刻造像

册頁裱本九品選二。順德蔡哲夫寒瓊水榭傳拓本，餘杭褚氏禮堂松窗藏本。褚氏封面題簽"曺谿南華寺北宋木刻造象　寒瓊手拓寄贈，壬戌夏六月松窗記"並印"褚德彝印"，册首褚德彝題識並書緣起，册末先生花箋過錄高燮《題寒瓊手拓曹谿南華寺北宋慶曆木刻》。選二拓本蔡氏鈐印"蔡文手挩曹谿南華寺北宋木刻造像記""哲夫""家有西漢北宋木刻"。

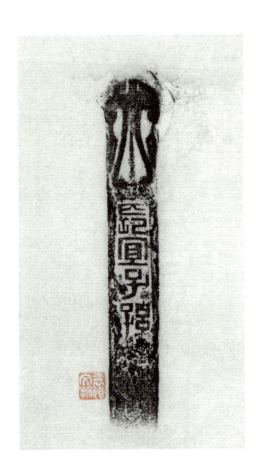

長宜子孫鉤

袁裕文傳拓本。拓本另紙先生小識"漢長宜子孫鉤",拓本鈐印"袁裕文拓",先生鈐印"施舍所得"。

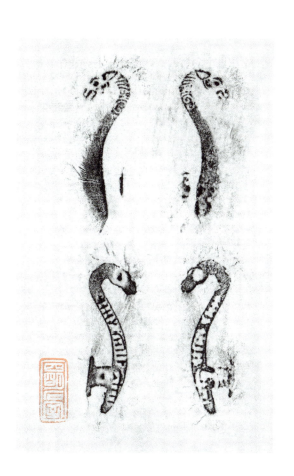

長壽年合符鉤

長壽年合符鉤,皆正背合拓一紙,寧波周氏四明石室傳拓本,拓本周氏鈐印"四明石室"。

宜官鉤

吴興周湘舲夢坡室傳拓本，鉤正背合拓一紙，款銘文曰"君宜官"。拓本另紙先生小識"漢宜官鉤"並印"施舍金石"。拓本鈐印"夢坡祕玩""陳進宧印"，先生鈐印"舍之攷古"。

帶鉤

帶鉤一品，杭州鄒景叔四王鉢齋傳拓本。鉤與款識合拓一紙，拓本鄒氏題記"帶鉤　攲字與同出土匋器戉當為一字"並印"景未"。先生鈐印"施舍金石"。

冝海官鉤

扬州吴载龢師李齋藏本,帶鉤正背合拓一紙,款銘文曰"冝海官"。拓本吴氏鈐印"吴載龢印"。

龍蛇辟兵鉤銘

硃拓本。器橢圓形,銘文田字格界之,曰"龍蛇辟兵"。拓本另紙先生小識"龍蛇辟兵鉤",又嘗作題跋,《漢龍蛇辟兵鉤》記曰"初以為漢辟邪印鈐本,然漢印未見有此形者。後讀《窓齋尺牘》,言光緒元年在秦中典試時,得零星金石磚瓦殘片不少,以龍蛇辟兵鉤為最精,始知此乃帶鉤文,未全摹鉤形耳"云云。(見《北山集古錄》)

建安壺

　　建安壺銘墨拓一紙，承軒舊藏，拓本另紙先生小識"建安壺"。拓本鈐印"承軒所得"。

富貴方壺

漢方壺器銘,濰縣陳介祺簠齋傳拓本。拓本另紙先生小識"簠齋藏漢方壺"。拓本陳氏鈐印"簠齋兩京文字"。

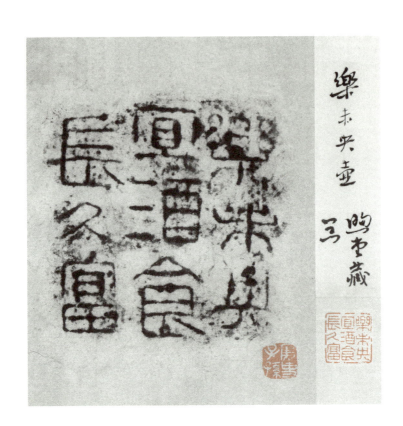

樂未央壺

許延暄煦堂傳拓本,壺款銘文曰"樂未央,宜酒食,長久富"。拓本另紙舊藏者題記"樂未央壺 煦堂藏器"。拓本鈐印"□吏子孫",別附鈐印一紙"樂未央,宜酒食,長久富"。

玉刀

杭州鄒景叔四王鉢齋傳拓本。拓本鄒氏題記"玉刀 《周禮大司徒》云,祀五帝奉牛牲,蓋其肆後,鄭引士喪禮曰,肆解其蹄。此刀上有'司徒'二字,且環上刻龍首,當為祀五帝之用,牛牲須解其蹄,必用刀,祭時以此代之,故此二字刻於柲上,其為周製無疑。乙丑三月朔日"並印"景未"。拓本鄒氏鈐印"鄒景叔審釋古玉款識",先生鈐印"舍之攷古"。

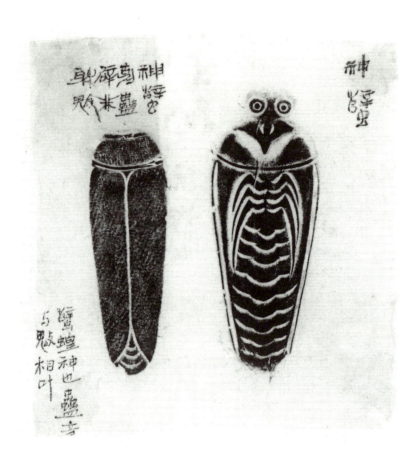

辟蝗玉蠶

　　此品有複本，選一。拓本舊藏家題記"神蠶"，所釋銘文曰"神蠶尅蠱，辟非射魃"，並註"蠶蝗神也，蠱音與魃相叶"。拓本先生鈐印"舍之審定"。先生嘗作題跋，《漢玉神蠶》記曰"此物與剛卯、黃神越章俱為漢人辟邪佩物"。（見《北山集古錄》）

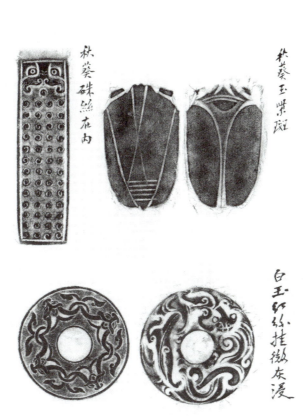

景叔藏玉

選輯三器,杭州鄒景叔四王鉢齋傳拓本。一器拓本鄒氏題記"秋葵玉紫斑"。一器拓本鄒氏題記"秋葵硃絲在內"。一器拓本鄒氏題記"白玉紅絲挂微灰浸"。

虯龍玉珮

宁波周氏四明石室傳拓本，玉珮正背分拓二紙。拓本周氏題記"出土唐虯龍玉珮"並印"退密"，拓本周氏鈐印"四明石室祕笈"。

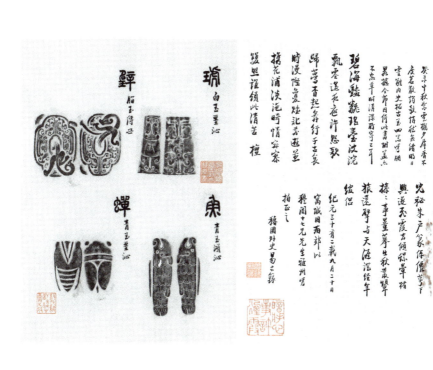

古玉四器

潛江易氏靜偶軒萬靈龕傳拓本,穆闇世仁藏本,琥璧魚蟬皆正背合拓一紙,共四紙。別附易氏手書"玲瓏四犯,和白石四聲"並跋記,鈐印"忠籙私印""暗將心事許煙霞"。一易氏拓本題記"琥 白玉墨沁"並印"易均室萬靈龕夫婦齊年",一易氏拓本題記"璧 脂玉傳興",一易氏拓本題記"魚 青玉濆沁",一易氏拓本題記"蟬 青玉墨沁"並印"靜偶軒夫婦心賞之符"。

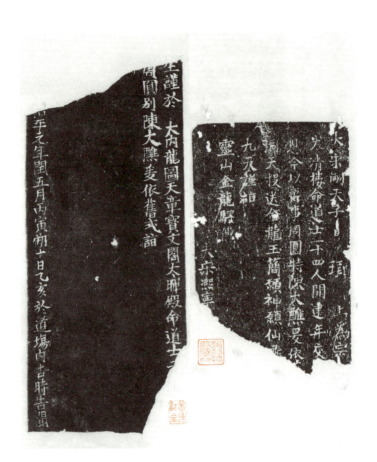

投龍玉簡

　　三版選二。一為仁和王禔麋研齋藏本，英宗趙曙治平元年所投玉簡，拓本王氏鈐印"曾歸福盦"。一為鄞縣趙時棡二弩精舍藏本，神宗趙頊熙寧年間所投玉簡，拓本趙氏鈐印"趙叔孺攷藏印"。拓本另紙先生小識"宋投龍玉簡　三方"。先生嘗作題跋，《宋投龍玉簡》記曰"三簡文字略同，皆命道士建醮祈年延福時投之名山大澤"。（見《北山談藝錄續編》）

封功臣玉册

宋封功臣玉册一品，册正背两面分拓二纸。拓本另纸先生小识"宋封功臣玉册　正背"，拓本先生钤印"舍之攷古"。

橫峯筆格

此品張廷濟《清儀閣雜詠》有著錄，筆格、底部款銘分拓二紙，款曰"建文四年三月日橫峯造，吳氏均茂誌"。拓本先生小識"建文筆格"。

不浪舟筆格

筆格、底部款識合拓一紙,款識"不浪舟 夗湖散人"。拓本先生鈐印"施舍所得"。

師曾詠梅墨盒

潛江易氏靜偶軒萬靈藂傳拓本。銅質墨盒陳師曾繪梅花圖並題識"臨妝照影畫中看,春到花殘意未闌。詩興盛傳東閣美,玉肌爭奈此枝寒。空庭月下佩環寂,縞袂山中天地寬。如問逋仙在何許,半湖香雪一廬安。穆厂十七弟屬畫師曾衡格"。拓本萬氏鈐印"霝藂傳古"。

師曾繪竹臂擱

　　竹刻臂擱墨拓一紙，潛江易氏靜偶軒萬靈蕤傳拓本。陳衡恪繪竹圖並題識，此品落款曰"穆盦詩友屬畫，師曾陳衡恪"。拓本萬氏鈐印"需蕤傳古"。

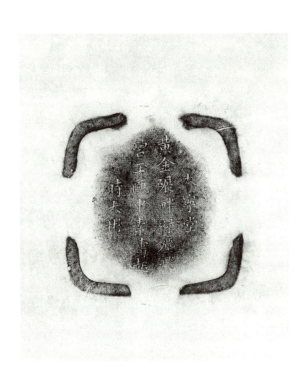

時大彬製壺

　　嘉興張叔未清儀閣傳拓本,壺底銘文曰"大寧堂　黃金碾畔綠塵飛,碧玉甌中素濤起　時大彬"。拓本先生小識"時壺",拓本先生鈐印"施舍所得"。先生嘗作題跋,《時大彬砂壺銘》記云"清嘉慶癸亥八月張叔未得此於隱泉王氏,喜而賦詩,見《清儀閣雜詠》,此即清儀閣所傳拓本"。(見《北山談藝錄》)

陳鳴遠製砂爵

砂爵銘款一品,係嘉興張叔未清儀閣傳拓本。拓本題記"砂爵"。拓本先生鈐印"舍之審定"。

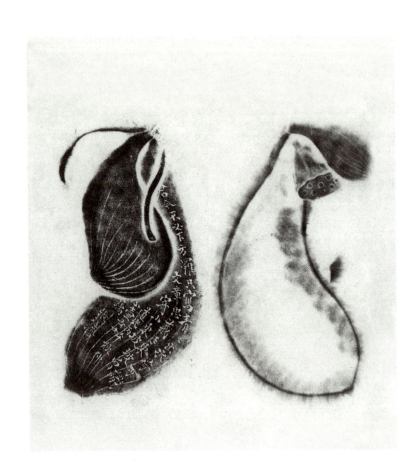

蓮藕茶寵題刻

紫砂茶寵製品,係嘉興張叔未清儀閣傳拓本。此品張氏廷濟題刻,茶寵正背兩面合拓一紙。拓本先生鈐印"施舍所得"。

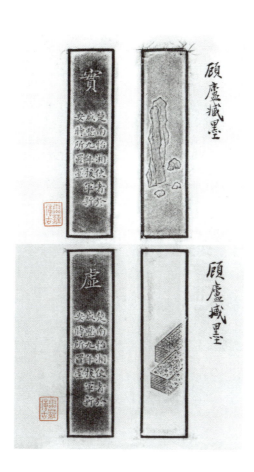

楚南怡湘使者墨

潜江易氏静偶轩万灵龚传拓本,顾庐藏墨二笏,各正背合拓一纸。二笏正面上端大字阴文楷书一"实"一"虚";下皆有款记,阳文楷书"楚南怡湘使者於咸丰九年援军新安时所置墨"。拓本二纸易均室题记"顾庐藏墨",万氏钤印"霝龚传古"。

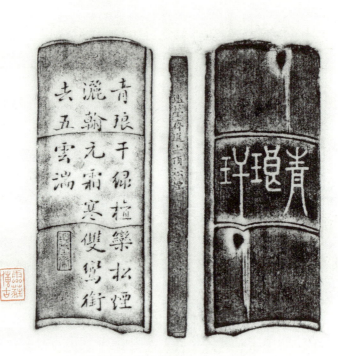

青琅玕墨

鑑瑩齋竹節形製墨，潛江易氏靜偶軒萬靈龢傳拓本，正背側合拓一紙。墨正陰文篆字"青琅玕"，墨背陽文，曰"青琅干綠，檀欒松煙，灑翰元霜，寒雙鸞銜，去五雲端"並印記"鑑瑩齋"，墨側款記"鑑瑩齋選上頂松煙"。拓本萬氏鈐印"靈龢傳古"。

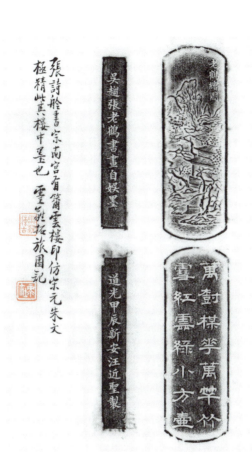

老鶴自娛墨

潛江易氏靜偶軒萬靈蕤傳拓本,墨正背兩側合拓一紙。墨正題云"萬樹楳花萬竿竹,雪紅雲綠小方壺";墨背"老鶴繪圖";墨兩側款記,一"吳趨張老鶴書畫自娛墨",一"道光甲辰新安汪近聖製"。拓本易均室題記"張詩舲書宗南宮,有籋雲樓印,仿宋元朱文極精,此其樓中墨也"並印"录鉢",萬氏鈐印"靈蕤傳古"。

魯薌廉訪著書墨

潛江易氏靜偶軒萬靈薐傳拓本,黃岡王采其毓藻用墨,墨正背兩側合拓一紙。墨正款銘"魯薌廉訪著書之墨";墨背文曰"清慎廉平　新安詹奎仿古選煙監製",墨兩側記云"用紫草桐油熬滾即起鍋下缸,將生漆麻油亥油攪混,用紅芯點文火,製成担烟造"。拓本易均室題記"古墨中記煙法者甚尠,此亦有心人也,拓之",萬氏鈐印"霝薐傳古"。

濠觀雙魚墨

潛江易氏靜偶軒萬靈蓗傳拓本。常熟楊沂孫製墨，墨正背兩側合拓一紙。墨正款銘"濠觀"，下飾雙魚紋；墨背款銘"吉羊之室"；墨兩側款識，一"同治四年秋虞椒楊詠春"，一"守鳳陽旹飭工涯近聖造"。拓本萬氏鈐印"靈蓗傳古"。

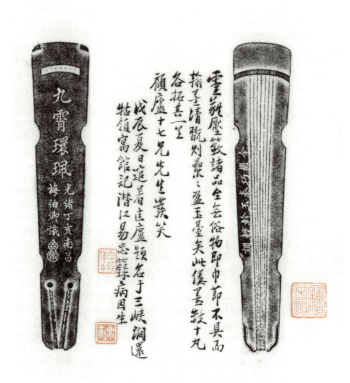

九霄環珮墨

潛江易氏靜偶軒萬靈蕤傳拓本。唐琴形製墨,正背合拓一紙。墨正題云"金徽巧奏玉軫輕調",墨背款識"九霄環珮 光緒丁亥南昌梅伯卿記"並印"伯卿"。拓本易均室題記"靈蕤壓籤諸品,全無俗物,即巾節不具,而翰墨清玩則纍纍盈玉臺矣。此倭墨數十,凡各拓其一,呈顧廬十七兄先生粲笑。戊辰夏日,遁暑匡廬,題名於三峽澗還牯領寓館記,潛江易忠籙病因生"並印"录鉢",拓本鈐印"穠園""需蕤傳古"。

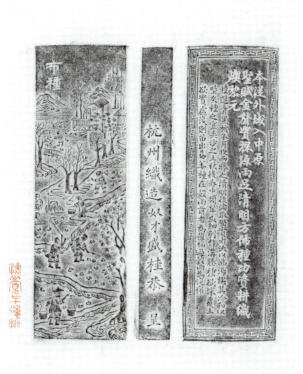

布種圖貢墨

梁谿黃懷覺傳拓本,墨正背及一側合拓一紙。墨側款識"杭州織造奴才盛桂恭呈"。拓本黃氏鈐印"懷覺七十後拓"。

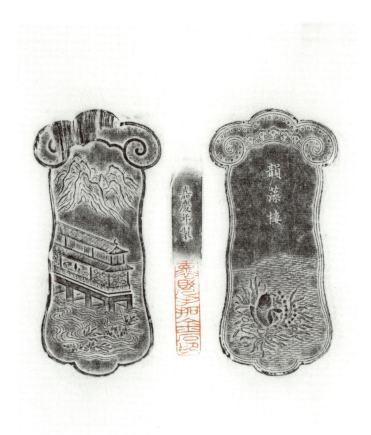

韻藻樓景墨

  清嘉慶年間，徽州胡開文製墨，梁谿黃懷覺傳拓本。墨正背及一側合拓一紙。此笏係"銘園圖墨"之一，墨正款識"韻藻樓"，墨背為中南海韻藻樓景，墨側款識"嘉慶年製"。拓本黃氏鈐印"褱覺手拓金石記"。

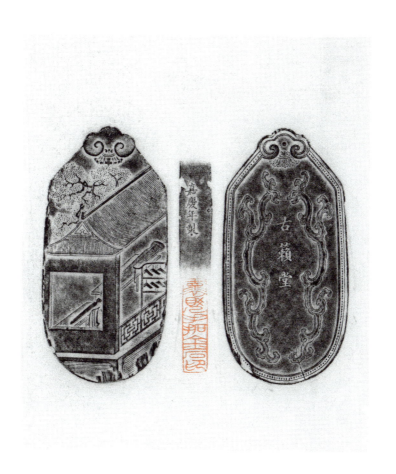

古籟堂景墨

此笏亦清嘉慶年間，徽州胡開文製墨，係"銘園圖墨"之一，梁谿黃懷覺傳拓本，墨正背及一側合拓一紙。墨正款識"古籟堂"，墨背為北海古籟堂景，墨側款識"嘉慶年製"。拓本黃氏鈐印"裘尪手拓金石記"。

延春閣景墨

亦為清嘉慶年間,徽州胡開文所製"銘園圖墨"之一,梁谿黃懷覺傳拓本,墨正背及一側合拓一紙。墨正款識"延春閣",墨背為古宮延春閣圖景,墨側款識"嘉慶年製"。拓本黃氏鈐印"江夏""懷覺精拓"。

晉元康磚硯

揚州秦氏嬰闇藏本，硯側硯背合拓一紙。硯側題識"晉元康七年八月丁丑，茅山里施博所作"，硯背張氏題識"茅山里磚型不一，百陶樓藏有橫畫，徐球徵諸通鑑文，丁丑日宜在七月。此文瘦硬勢罕匹，施傳施博文難執。何琢作硯田寬，馬帳修書供點筆。道光壬寅冬日張廷濟"並印記"廷濟"。拓本秦氏鈐印"曼青"，先生鈐印"舍之審定"。

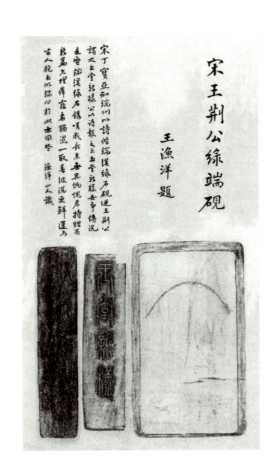

王荊公綠端硯

硯池、硯兩側分拓二紙，硯側一題刻篆曰"玉堂新樣"，一題刻行書，文曰"宋丁寶亞知端州，以詩借端谿綠石硯送王荊公，謂之'玉堂新樣'。公以詩報之云，玉堂新樣世爭傳，況是蠻谿綠石鎸，嗟我長來無異物，愧君持贈有新篇，久埋瘴霧看猶濕，一取春波洗更鮮，還與古人袍玉[色]似，端心於此亦同堅。漁洋山人識"並印記"士禎"。拓本題記"宋王荊公綠端硯 王漁洋題"，又過錄漁洋山人題識。拓本無鈐印。

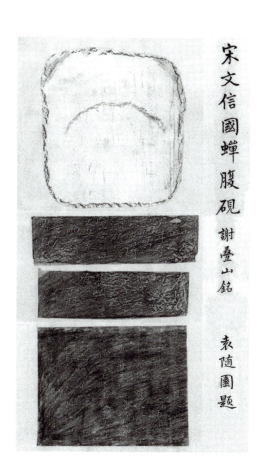

文信國綠端蟬腹硯

剪裱本四紙，硯池一紙、硯側謝疊山題識二紙，匣蓋袁隨園題識一紙。硯側鐫刻謝疊山題識"文山攀髯之明年，疊山流寓臨安，得遺研焉。憶當日與文山象戲，譜玉瞽足金鼎一局，石君同在座右。銘曰，洮河石，碧於血，千年不死葰弘骨。皋羽"，匣蓋鐫刻袁隨園題識"乾隆丁未十二月，杭州臨平漁父網得此硯於鼎湖，王仲瞿居士舟過相值，知為文爻山故物，以番錢廿元得之，轉以見贈。余仿竹垞詠玉帶生故事，為作匣，兼招詩流各賦一章。甲寅六月望日，袁枚記於小倉山房，時年七十有九"。拓本題記"宋文信國蟬腹硯 謝疊山銘、袁隨園題"。

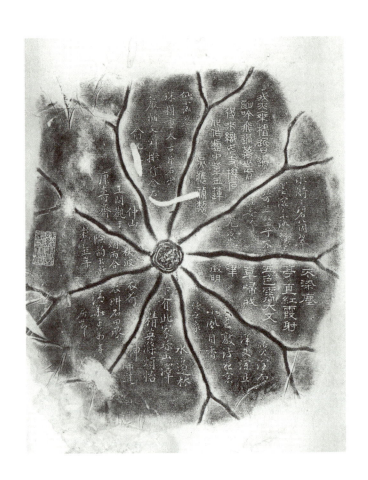

荷葉硯

　　荷葉硯佳拓，琴川張子和味經書屋傳拓本。此品吳應禎製荷葉形硯，硯背題刻墨拓一紙。拓本無鈐印。

張思淨製抄手硯

錢塘丁鶴廬守寒巢藏本,硯池硯背分拓二紙。硯背題識行書,左起文曰"己巳元祐四祀姑洗月中旬一日,雕造是者,籮土澄泥,打摸割刻。張思淨題,(押記)"。拓本丁氏鈐印"丁輔之曾藏"。

蓮谿繪硯

　　潛江易氏靜偶軒傳拓本，興化黃山樵子蓮谿繪吳熙載像硯，硯池硯背分拓二紙。硯池素面，硯背鐫吳熙載像，款署"讓之先生小像　蓮谿"並印記"蓮谿"。拓本鈐印"均室手拓"。

文節公藏硯

　　蘄水陳氏詢先橫雲閣傳拓本，先生僅得硯背硯兩側題刻三紙。硯背鐫刻陳氏長兄仁先蒼虬閣題識"如玉之堅，如露之潤；精舍明窗，六經寫之。丙子四月，蒼虬為橫雲題"。硯兩側鐫刻，一合肥李氏望雲草堂題識"橫雲閣寫經硯　丙子夏五國松為詢先七兄題"，一新城陳氏佳住樓題識"研為戴文節公故物，文節曾孫女適陳君詢先，研並歸。陳詢先屬為題記。病樹陳祖壬"並印記"陳""君任"。拓本無鈐印。

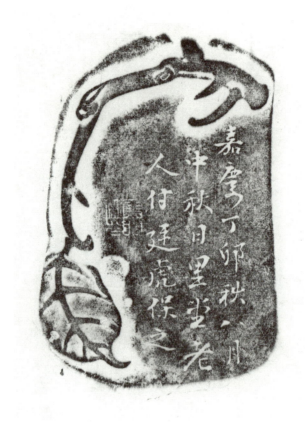

雕菰樓藏硯

甘泉焦氏雕菰樓傳拓本，僅拓硯背硯銘一紙。硯銘行書三行，文曰"嘉慶丁卯秋八月中秋日，里堂老人付廷虎保之"並印記"焦循私印"。拓本先生鈐印"舍之長物"。按：里堂老人即焦循，廷虎為其長子焦廷琥（虎玉）。

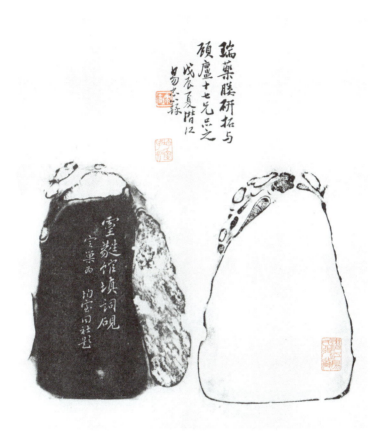

靈蕤館填詞硯

潛江易氏靜偶軒傳拓本，硯池硯背合拓一紙。硯背鐫刻寧鄉程頌萬題識"靈蕤館填詞硯　定巢為均室同社題"。拓本易氏題記"瑞藥縢研，拓與頋廬十七兄品之。戊辰夏潛江易忠籙"並印"籙鉢"，拓本易氏鈐印"均室手拓""潛江易氏玫藏"。

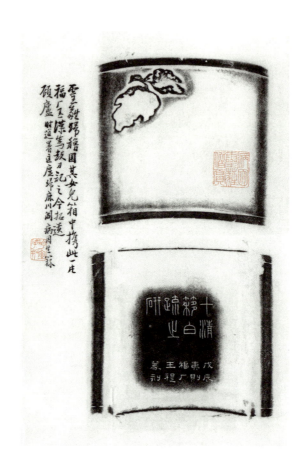

十清簃硯

潛江易氏靜偶軒傳拓本，硯池硯背合拓一紙。硯背題識"十清簃白疎之研　戊辰夷則福厂王禔篆刻"。拓本易氏題記"靈蕤歸檇園，其女兒箱中，攜此一片福厂玉溪為鼓刀記之。今拓遺顧廬，時逭暑匡廬歸鹿川閣，病因生錄"，拓本易氏鈐印"均室手拓""病因靈蕤偕賞"。

黃泥遊圖硯

潛江易氏靜偶軒傳拓本,硯池硯背合拓一紙。硯底題識"黃泥再遊圖 壬戌十月之望,字育題,雨生藏"。拓本易氏鈐印"均室手拓"。

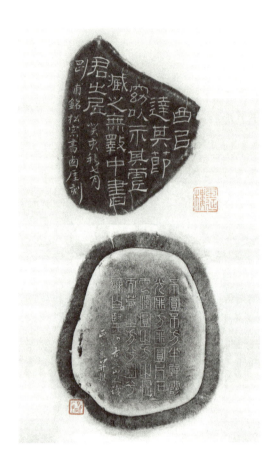

硯銘兩品

　　選輯硯銘兩品拓本。一品為潮陽陳運彰玉延樓傳拓本,硯銘文曰"曲 曰達其節,窈以示其虛。藏之無斁,中書君之居。癸亥秋七月,剛甫銘, 松窗書,西厓刻",拓本陳氏鈐印"玉延樓"。按:剛甫,歸安陸氏皕宋 樓潛園老人;松窗,餘杭褚德彝禮堂;西厓,吳興可讀廬金季言。一品 為貝破厂氏傳拓本,硯銘文曰"不圓不方,半壁霞光。匪方匪圓,片石 雲煙。圓之方之,韞而藏之。方兮圓兮,彌自堅兮。古愚山人識,正之 篆並鐫",拓本鈐印"貝破厂手拓"。

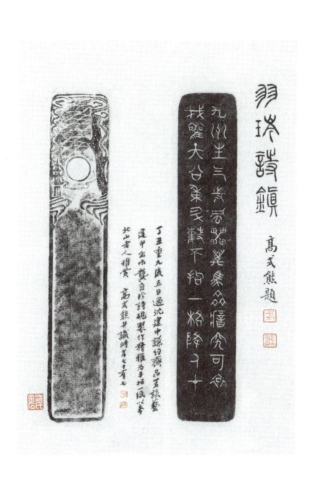

羽琞詩硯

鄞州高氏羽弓齋傳拓本，硯池硯背合拓一紙。拓本高氏題簽"羽琞詩鎮　高式熊題"並印"式""熊"，又題識"丁丑重九後五日，過沈建中謙約齋，品茗談藝，建中出示龔自珍詩硯，製作精雅，為手拓一紙，以奉北山老人雅賞。高式熊並識，時年七十有七"並印"式""熊"。拓本先生鈐印"無相庵""蟄存"，別有鈐印"沈氏金石"。